이 아름다운 지구별에
다시 태어나면

이 아름다운 지구별에 다시 태어나면

정정길 수필집

세종출판사

서문

어느 날, 평소 존경하는 윤가일세무사님, 송철우 세무사님으로부터 부산대학교 평생교육원 수필아카데미에서 수강했다는 말을 들었습니다. 문학에 별로 소질도 없고 관심도 없다가 남이 장에 간다니 덩달아 따라 나선다는 말처럼 22기에 등록을 했습니다. 두 학기를 정약수 교수님, 문경희 선생님, 두 분 훌륭한 선생님으로부터 수강을 하고 나니 수필이 뭔지도 알고, 수필을 써 보니 내가 봐도 처음 보다는 실력이 많이 늘어 이렇게 수필집을 내게 되었습니다.

글을 쓰면서 새삼스럽게 내가 살고 있는 이 지구가 너무나 아름답다는 것을 느꼈습니다. 아침이 되면 동쪽에서 솟아오르는 밝은 태양, 밤이면 총총히 빛나는 별들, 꽃피고 새 우는 강산, 너무나 아름답습니다. 그리고 더 중요한 것은 내가 만난 많은 사람들입니다. 저를 낳아 주신 부모님, 형제, 그리고 아내와 아들 딸, 친구들, 셀 수 없는 수많은 사람들, 너무나 좋은 사람들 입니다. 너무나 감사한 사람들 입니다. 이 아름다운 지구별에 태어 난 것이 너무나 신기하고 행복한 일입니다. 평생을 살아오는 동안 즐겁고 행복했던 날들이 수없이 많습니다. 못 다한 사연들도 겹겹이 쌓여 있습니다. 그래서 수필 제목을『이 아름다운 지구별에 다시 태어나면』이라고 정했습니다.

그리고 글을 쓰면서 생각 해 보니 인생 70년 세월이 참 꿈처럼 흘렀습니다. 인생은 일장춘몽이라는 말을 절감합니다. 그 세월 속에 애환도 있고 후회도 많습니다. 그러나 슬프고 좋지 않은 날 보다는 즐겁고 재미난 날들이 훨씬 더 많았던 것 같습니다. 좋은 일은 감사하고 나쁜 일들은 추억이구나 하고 생각 합니다.

이번 수필집은 처음 쓰는 글이라 自傳的 내용이 많아 마감하고, 다음부터는 다른 내용의 수필을 써 보려고 합니다.

이 책을 읽어 보시는 분이 작게나마 공감하는 부분이 있다면 이 한권의 책이 헛되이 쓰여 진 것은 아니라고 생각합니다.

오늘 이 수필집이 나오기까지 도움을 주신 김성겸 세무사님, 이희태 세무사님, 전이숙 선생님께 진심으로 감사를 드립니다.

2021. 11.

海廣 정정길 합장

차례

- 서문 / 5

제1장 산다는 게 뭐요

제2장 어떤 사람에게 운이 오는가

제3장 인생을 되돌아보고

제4장 군대생활에서 생각나는 사람

제5장 행복하게 사는 마음을 갖자

제1장

산다는 게 뭐요

산다는 게 뭐요?

어제 오후의 일입니다. K회사 M사장님이 사무실로 오셔서 자리에 앉자마자 "산다는 게 뭐요?"하고 질문을 하였습니다. 산다는 게 뭐냐고 물었으나 지금 우리가 왜 살고 있느냐는 뜻이었습니다. 왜 사는가? 고매한 철학자께서나 답을 할 어려운 질문인 듯합니다.

M사장님은 연세가 70대 초반입니다. 칠십 나이는 인생이라는 여정을 걸어 석양 길에 서있는 나그네와 같습니다. 젊을 때는 꿈과 희망 속에 열심히 살다 보니 워낙 바빠서 세월이 어떻게 가는지 느끼지 못하고 살았습니다. 그러나 황혼길에 그렇게 바쁘게 살지 않는데도 시간이 정말 빨리 지나갑니다. 금방 한 주일이 가고, 한 달이 지나갑니다.

김동길 교수님도 시간이 빨리 지나간다고 합니다. TV프로에 나오셔서 30대까지는 세월이 순서대로 가더니, 50대가 되니까 하나, 둘, 셋…… 이렇게 순서대로 가는 것이 아니라, 50, 55, 60으로 건너뛰더니, 60대는 60에서 바로 70으로, 70이 넘으니까 눈 껌뻑하면 한 해가 간다고 했습니다.

M사장님은 세월이 참 빨리 지나가는구나 하고 느끼면서 나가 지

금 살고 있는 게 뭐지? 내가 왜 사는 거지? 하는 생각을 하며 스스로의 삶을 되돌아보았을 것입니다. 그리고 우리 사무실로 오는 길에서도 속으로 산다는 게 뭐지 하고 생각을 했던 것 같습니다. 그래서 사무실에 들어와 앉자마자 그런 질문을 했으리라 생각합니다.

우리가 왜 살고 있을까. 간단하게 대답하면 죽지 않아 살고 있습니다. 죽으면 왜 사는가? 하는 물음은 필요 없습니다. 그런데 왜 사는가 싶어도 생각을 좀 달리 해 보면 살아있다는 사실이 정말 감사해야 할 일입니다.

요즘 들어 생각을 많이 합니다마는 나이가 많을수록 절실한 것은 부부가 함께 살아야 한다는 것 입니다. 몸이 아프거나 불편할 때 가장 마음 편히 돌봐 주는 것은 부부입니다. 부부 중 한명이 먼저 저세상으로 가면 남은 사람은 짝 잃은 기러기 신세입니다. 아무도 없는 집에서 혼자 외롭게 지내는 모습을 상상해 보면 처절한 생각이 듭니다. 옛날 결혼식장에서 주례가 "검은 머리 파뿌리 될 때까지 백년해로하라"고 하던 말이 노년이 되고 나서야 최고의 명품 주례사라는 것을 절실히 느낍니다.

또한 노인도 하는 일이 있어야 할 것 같습니다. 젊은 시절부터 다니던 직장에서 퇴직을 하면 60대입니다. 100세 시대이니 퇴직을 하고 나서도 30년은 더 살아야 합니다. 퇴직을 하는 나이가 지나도 일을 할 수 있어 아침에 일어나 매일 규칙적으로 일터로 출근을 한다면 경제적으로나 건강에 좋은 점이 많을 것입니다.

질문을 하신 M사장님께서는 부인도 건강하게 함께 살고 있고, 하시는 사업도 있습니다. 아침이면 오래 동안 해 오던 사업장에 출근을 하여 하루의 일과를 어제와 별반 다르지 않게 어려운 일없이 처리 하고, 오후가 되어 집으로 돌아오면 아내가 정성껏 저녁상을 차려 놓고 기다리고 있습니다. 평소에는 건강한 아내가 옆에서 불편한 것 하나 없이 잘 챙겨 줍니다.

독일의 철학자 「칸트」는 행복의 조건을 "첫째 할일이 있고, 둘째 사랑하는 사람이 있고, 셋째, 희망이 있는 것"이라고 했다 합니다. M사장님에게 사업장이 있어 할 일이 있고, 할 일이 있으니 내일의 희망이 있고, 사랑하는 아내가 잘 보살펴 주니 이 보다 더 행복한 삶이 어디 있냐고 물었습니다.

그랬더니 M사장께서 말씀하시기를 자식들도 성장하여 새끼 새가 둥지를 떠나 듯 다 딴 살림 차려 나가고, 사업도 고만고만하여 이제 내가 할 일을 다 했구나 하고 생각을 하니 인생이 무료하여 살아가는 재미가 없었다고 했습니다. 그러나 지금 가만히 생각해 보니 무탈하고 평범하게 지나가는 하루하루가 최고로 행복한 삶이라는 것을 알았다고 하면서 이제 건강만 잘 유지하자고 말하며 웃으면서 사무실을 나갔습니다.

여여如如한 삶, 어제와 별반 다름없는 오늘이 아무 의미 없는 삶인 것 같아도 탈 없이 지나가는 일상이 빚에 쫓기고 삶이 힘든 어려운 사람에게는 희망이요 꿈입니다.

산다는 게 뭐요? 분전세락糞田世樂, 개똥밭에 굴러도 이승이 낫다는 옛말도 있습니다. 저승이 있는지 알 수 없으나 이 아름다운 지구별에 태어나 지금 이 시간, 좋은 사람들과 함께 살고 있다는 사실이 기적이요 행운입니다. 살아 있다는 사실에 감사하고 좋은 사람들을 사랑하며 행복한 마음으로 살면 지금 이 순간, 여기가 천국입니다.

우리, 친구 아이가!

한밤중에 전화가 왔다. 잠결에 휴대폰을 열어보니 고향 남해에 있는 후배 종숙이었다. 통화 버튼을 누르기가 무섭게 다급한 목소리가 튀어 나왔다.

"형님! 준원이 형님이 교통사고가 나서 진주 경상대학병원으로 갔습니다."

준원이는 나의 죽마고우다. 서울에 있는 아내와 떨어져 남해로 내려와 어릴 적 살던 집에 눌러 앉은 지 제법 된 친구다. 소일 겸해 마늘을 비롯해서 소규모의 농사를 지으며 지내고 있다.

갑작스런 소식에 가슴이 철렁 내려앉았다. 남해에도 병원이 있는데 진주까지, 그것도 대학병원으로 갔다면 많이 다쳤다는 말이 아닌가. 부상 정도를 상상도 하기 싫어 어디를 얼마나 다쳤는지 물어보지도 않았다. 그러나 머릿속에는 온갖 생각이 회오리바람처럼 휘돌아 밀려왔다. 칠십 고개를 넘긴 나이이다 보니, 만나면 인사가 건강이요, 관심이 건강이다. 몸 관리에 웬만큼 신경을 써도 자고 나면 어느 한곳이 아픈 것을 느끼며 살아가는 나이에 교통사고라니, 눈앞이 캄캄했다.

시계를 보니 새벽 세시다. 도저히 잠을 이룰 수 없어 집을 나섰다. 이른 시간이지만 3월이라 봄기운을 느끼기에 충분하다. 요즘 운전대를 잡으면 옛날 같지가 않다. 특히 밤에는 운전 자체가 두렵고 어설프다. 그래서 고속도로에 들어서서는 정신을 바짝 차려야 했다. 새벽어둠이 검은 포장처럼 펄럭이며 차창을 지나갔다.

고속도로 톨게이트를 빠져 나와 진주 입구에 들어서니 갑자기 안개가 앞을 가로 막았다. 쌍라이트를 켰지만 전방 주시에 바짝 신경을 써야했다. 아예 브레이크를 밟아 속도를 낮추었다. 지금 달리고 있는 길은 진주 8경 중의 하나인 '새벼리길'이다. 낮이면 도로 아래 남강의 아름다운 경치를 감상할 수 있으련만, 밤이라 그런지, 강에서 뿜어져 나오는 안개가 불편만 더해 준다. 보이지 않는 도로를 더듬느라 진땀 꽤나 흘리다 보니 멀찍이 경상대학병원의 불빛이 보이기 시작했다. 친구가 그곳에 누워 있다고 생각하니 마음이 바빠졌다.

세상을 살아오면서 친구라고 부르는 사람이야 많이 있다. 초등학교부터 대학까지 학교에서 만난 친구, 그리고 직장이나 사회생활을 통해 생겨난 친구 등 셀 수 없을 만큼의 친구가 있다. 그러나 친구라는 말은 쉽지만 정의를 어떻게 해야 하는지 확실치 않다. 간혹 초등학교, 중학교 동기생을 만나면 이건 친구가 아니라 어릴 적 동무라는 느낌이 들곤 한다. 주식형제천개유酒食兄弟千個有 급난지붕일개무急難之朋一個無*라는 말도 있는데, 술 한 잔 같이 한다고 해서 친구라는 호칭을 붙일 수 있을까? 어디까지 우정과 의리를 지키고, 흉금을 털어 놓을 수 있어야 진정한 친구라고 할 수 있는지 말하기 어렵다.

여러해 전, 소주를 한잔하는 자리에서 선배 되시는 분으로 부터 질문 하나를 받은 일이 있다. 만약에 새벽 두시 경, 가장 잠이 깊이 들 무렵에 친구의 집 근처 술집으로 가서 나오라는 전화를 하면 선뜻 나와 줄 친구가 몇이나 있냐고. 나는 그 말을 듣고 반대로 생각해 보았다. 만약에 어떤 친구가 새벽 두시에 술이 취해 전화를 걸어오면 나는 어떻게 할 것인가. 내 부름에 나올 친구가 몇인가 보다는 나 자신이 잠자리를 박차고 뛰어나갈 친구가 몇이나 될 것인지가 궁금했다.

지금 교통사고가 난 준원이는 초등학교 때부터 같이 붙어 다녔다. 중학교 때는 아예 눈만 뜨면 우리 집으로 와서 살았다. 같이 숙제도 하고, 장다리 곱게 피고 종다리 노래하는 봄에는 온 들판으로, 바닷가 둑길로 쏘다니면서 온갖 장난을 하고, 여름철이면 바다로 가서 뙤약볕 아래에서 발가벗은 채 해수욕도 했다.

중학교 3학년 늦은 가을이었다. 고등학교를 진학하면 헤어져야 하니 우정의 표시로 둘이서 마을 뒤편에 있는 '납산' 꼭대기를 한번 정복하자고 했다. '납산' 꼭대기에 올라갔더니 바람이 엄청 세게 불면서 겨울 날씨처럼 추웠다. 산 정상이니 진퇴양난이었다. 그때는 등산복도 없는 때라 옷도 변변히 입지도 않았는데 벌벌 떨면서 끝에서 끝까지 정상을 종주하고 내려오는데 얼굴이 얼마나 얼었는지 마치 안동 하회탈처럼 되었다. 웃으면 웃는 얼굴이 아니라 더 웃기는 하회탈이 되어 서로 얼굴을 마주 보면서 배꼽을 잡았다.

이렇게 어릴 적 많은 추억을 가진 친구일 뿐만이 아니라, 성인이 되어서도 우정은 이어져 누가 봐도 둘도 없는 친구이다. 새벽 두시가 아니라 더한 시간에도 내가 부르면 그 친구가 오고, 그 친구가 부르면 내가 갈 친구다. 그러니 어찌 사고소식을 듣고 편하게 잠을 청

할 수 있을 것인가.

밤중의 응급실은 을씨년스럽기 그지없었다. 실내도 어두컴컴한데다가 근무하는 간호사나 의사의 인상이나 행동도 응급실 조명처럼 침침했다. 친구는 얼굴과 목을 많이 다쳤단다. 손가락을 움직이는 것을 보니 그래도 다행이다. 목을 심하게 다치면 목 아래 신체가 마비될 수 있는데, 그렇게 심하게 다친 것은 아닌 것 같아 조금은 안심이 되었다.

그러나 속으로 슬며시 화가 났다. 교통사고란 것이 내고 싶어 내는 것은 아니다. 그러나 차량을 운행하지 않았으면 사고가 나지 않았을 것을, 무슨 급한 일이 있어 밤중에 운전을 하다가 이렇게 험한 몰골을 하고 병상에 누었나 싶어서였다. 엄마가 밖에서 놀다가 다쳐서 들어 온 아이를 보고 화내는 심정이 이럴 것이다. 다친 얼굴과 목은 수술을 하고 다행히 생각보다는 빠르게 쾌유가 되어 친구는 다시 남해 집으로 내려왔다.

추수가 끝나고 가을이 깊어진 날, 남해에 갔더니 친구가 마늘 심을 논에서 괭이로 이랑을 만들고 있었다. 어두컴컴한 응급실에 누워있던 모습을 떠올리니 농사일을 하고 있는 것이 신기하기도 하고, 이제 다 완쾌 된 것도 같아 마음이 놓였다.

일을 마친 친구와 저녁을 했다. 사고 전 같으면 식사자리에 앉자마자 맥주잔에 소주를 타서 잔을 마주칠 친구가 술을 마시지 못하는 것을 보니 또 살며시 부아가 났다. 그래서 내뱉은 말이 "자네는 패배자다."였다. 사고가 나서 같이 술을 마시지 못하는데 대한 섭섭함으로 한 말이나, 하고 보니 듣는 친구의 입장에 따라 마음 아플 말인가도 싶다. 나 역시도 요즘은 기분 좋아 술을 좀 많이 마시면 다음

날 후회가 잦은 걸 보면, 술은 역시 몸에 나쁜 것 같다. 내가 말은 했어도 지금 술을 마시지 않는 친구가 패배자가 아니라 먼 훗날 승자일 수도 있겠다.

지금은 마늘쫑이 한창 올라 올 시기이다. 오늘도 마늘향기 상큼한 밭두렁에 밀짚모자를 눌러 쓰고 서있을 친구를 상상하며 내 마음을 가만히 허공에 띄워 보낸다.

'인생이란 잠깐 소풍 나온 것이라네. 나의 소풍 길에 어릴 적부터 칠십 고개 넘어 까지 친구가 되어 주어 고맙네. 며칠 전 100세의 김형석 교수가 어느 텔레비전의 프로그램에 나와 강연을 하는 중에 "80이 넘어 멀리 떨어져있는 친구에게 자주 만나자고 했더니, 그 친구가 우리 이제 좀 있으면 떠날 사람인데, 정이 깊이 들면 친구 떠난 뒤에 남을 친구의 입장을 생각해야 하니 만나지 말자"라는 말을 했다고 하더군. 우리는 가까이 있으나 멀리 떨어져 있으나 어릴 적부터 쌓아 온 그 정이 변할 리 있겠는가. 우리 우정 그대로 지니며 살다가 내가 먼저 가면 자네가 울어주고, 자네가 먼저 가면 내가 울어주고, 소풍 왔다 가는 길에 평생을 함께한 친구가 울어 주면 가는 길이 덜 외롭지 않을까. 지금도 즐거운 소풍길이지만 기왕 소풍 나온 거, 소풍이 끝나는 그날까지 긴 세월 엮은 우정 변치 말고 즐겁게 살아 보세나. 우리, 친구 아이가!'

소탈한 웃음과 함께, 친구 역시 같은 마음의 답신을 보내 줄 것 같다.

* 술 먹고 밥 먹을 때 형, 동생하는 친구는 천 명이나 있지만, 급하고 어려울 때 막상 나를 도와주는 친구는 한 명도 없다는 뜻 (명심보감 교우편)

가황 나훈아

가수 나훈아의 추석명절 특별 쑈가 화제이다. 가황歌皇이라고 불리우는 나훈아가 2005년 방송 출연 후 15년 만에 TV에 출연하니 관심을 가질 수밖에 없다. 이번의 공연은 코로나-19의 방역문제로 언택트 공연을 했다. 방청객이 하나 없이 무無 대면對面으로 공연을 하니, 노래하는 나훈아 자신도 서먹하다고 말했다. 대신 랜선으로 녹화공연을 시청 할 사람 1,000명을 모집했는데 희망하는 사람이 너무 많아 한때 인터넷 접속이 마비되었다는 말도 있다.

공연은 두 시간 반 동안 이어졌다. 나훈아가 1947년생이니 나와 동갑이다. 74세의 나이에 긴 시간 동안 혼자서 목소리도 하나 변함없이 노래를 한다는 것이 놀라울 따름이다. 19번 의상을 갈아입고 29곡의 노래를 불렀다. 우리야 노래방에서 노래 다섯 곡만 불러도 목이 쉰다.

나훈아의 본명은 최홍기이다. 1966년부터 노래를 불렀으니 55년의 세월이 흘렀다. 그렇게 긴 세월이 흘러도 변함없이 그의 노래는 사람들의 심금을 울리고, 인기는 하늘을 찌른다. 가끔 콘서트를 할 때면 매표하기 몇 시간이 지나지 않아 입장권이 매진되어 입장권을 구하지 못하는 지경이다. 관격의 환호하는 모습을 보면 이해가 되지 않을 만큼 열정적이다. 그 만큼 관객에게 감동을 주는 것이 아니겠는가.

나훈아의 2008년 기자회견은 사람들의 입에 별의 별 말들을 남겼다. 허리띠를 잡고 딱! 5분만…… 기억이 난다. 그 후 6년간 대중의 시선에서 사라졌다. 그는 그때 오지를 여행하였다. 하루에 $1로 생계를 잇고 사는 곳에도 가고, 인도의 갠지스강 가에서도 앉아 있었다. 바빌론 강가의 유대인처럼. 가수는 꿈을 파는 직업이라고 말하는 그는 사색과 반추의 시간을 갖고 재건의 각오를 했던 것 같다.

나훈아는 800여곡을 작곡하였다고 한다. 그런데 그의 가사를 가만히 보면 보통의 대중가요의 가사와 많이 다르다. 보통의 대중가요 가사는 어떤 소재의 외형을 묘사한 것이라면, 나훈아가 작사한 가사는 내형적, 철학적이다. 예를 들어 공空이라는 노래가 더욱 그렇다. '살다보면 알게 돼, 버린다는 의미를, 내가 가진 것들이 모두 부질없다는 것을.' 이러한 내용이다. 우리가 가지려고 몸부림치고 애써도 우리가 이 세상을 떠날 때 그런 것들이 다 무슨 소용 있겠는가. 空!

나훈아가 이번 공연에서 부른 신곡 중 "테스 형兄"도 보통 사람들이 하지 못하는 기발한 생각이다. 2500년 전 그리스의 철학자 "소크라테스"를 형兄이라고 부를 줄이야 누가 생각할 수 있을까. 그리고 소크라테스 형에게 "세상이 왜이래?"하고 조르듯이 가사를 쓰는 그 마음 자체가 재미있는 일이다. 일본의 작곡가가 이걸 보고는 일본 사람은 이런 생각을 절대 못한다고 했다는 말도 들었다.

나훈아가 부른 "테스 형"의 가사 "세상이 왜 이래"에 대한 여운이 많다. 나훈아는 2003년 노무현대통령 시대에 처음으로 평양에서 우리 가수들의 공연이 있었는데 참석하지 않았다. 가수가 공연을 하면 당연하게 출연료를 받아야 하는데 공연료 없이 선물보따리 가지고 가서 이래라 저래라 간섭까지 받아 가며 시키는 대로 하는 공연은 못하겠다는 이유에서였다. 말이야 그렇지만 실제로는 다른 뜻이 있었는지도 모른다. 그 뒤 조용필은 김정은과 악수를 하면서 90도로 절을 한 것과는 대조를 이룬다.

나훈아는 가수로서는 황제皇帝의 칭호인 가황歌皇이라는 말을 들을 정도로 성공을 했다. 그러나 그의 사생활은 노래만큼이나 그렇게 행복하지는 않다고 본다. 세 번의 결혼과 세 번의 이혼을 했다. 이숙희(1973-1975), 김지미(1976-1982), 정수경(1985-2016) 세 여자이다. 한국 최고의 여배우 연상의 김지미와 결혼은 한때 대중들의 최고의 관심이었고, 마지막 정수경과의 이혼을 할 때 긴 이혼소송에도 세간에 많은 말을 남겼다.

70의 나이를 넘겨 살면서 느낀 것은 부부가 한평생을 함께 사는 것은 인생에 크나 큰 축복이요 행복이다. 그런데 나훈아는 세 번의 이혼을 거친 사람이다. 그도 사람인지라 인정도 있고 사랑도 있다. 사랑한다고 만날 때야 기쁜 마음이지만, 한 때는 정이 깊이 들었던 사람과 이별을 할 때는 쓰리고 아픈 마음은 오죽 하였겠는가. 불행이다. 그리고 세상이 변해도 이혼이란 것은 두고두고 자신이 독에 걸고 갈 주홍글씨이다.

나훈아! 지금 74세의 나이에 앞으로 남은 인생은 잘 살아야 한다. 가황이라는 이름에 걸 맞는 멋진 노래로 국민들에게 더 많은 꿈을 남기고, 자신의 인생도 행복으로 마무리 했으면 좋겠다.

귀향歸鄕

토요일이라 남해南海에 갔다. 아름다운 5월, 고향의 봄도 느낄 겸 형님 제사에 참석하기 위해서다. 고향을 갈 때면 항상 마음이 앞서 달린다. 삼천포 쪽으로 가면 「삼천포 남해대교」의 멋진 다리를 건넌다. 노량 쪽에는 근래 「노량대교」가 새로 만들어져 남해에는 멋진 다리가 세 개나 있다.

1973년 「남해대교」가 처음 생겼을 때 파란 바다 위에 빨강색 현수교가 무척 아름다웠다. 동양 최대의 현수교를 구경하러 전국에서 사람들이 구름처럼 모여 들던 일이 기억난다. 학생들은 수학여행, 젊은 처녀 총각은 달콤한 데이트 장소로, 어른들은 신바람 나는 버스 관광코스이기도 했다. 빨강색 대교를 배경으로 남해대교南海大橋 글자가 새겨진 표지석 앞에 서서 사진 찍는 것이 자랑이었다. 새로 생긴 「노량대교」는 아름답게 만들어진「남해대교」에 비교하면 남성다운 멋, 그리고 웅장한 느낌을 안겨준다.

고향에 도착한 마음은 순서 없이 추억을 더듬기에 바쁘다. 초등학교 철봉 밑에서 작은 키에 철봉에 매달리려고 애를 쓰는 모습, 운동장에서는 주먹만큼 작은 고무공을 좇아 달리는 모습, 뒤뜰 논 언덕에서 동무들과 크로바꽃을 꺾어 손에 감고 자랑하며, 소꼴도 베고, 나락볏짐을 지고 나르는 등, 곳곳에 어릴 적 내 모습들이 추억 속에 남아 지금도 살아서 움직이는 듯하다.

지금의 고향 모습은 옛날에 비해 너무 많이 변해있다. 산기슭에 초가집들이 옹기종기 모여 있던 옛 모습과 달리 초가지붕은 없어지고 시멘트로 된 건물들로 바뀌었다. 들판은 농지정리를 하여 논들이 사각으로 바둑판처럼 정돈되었다. 소를 몰아 쟁기질을 하는 대신 트랙트로 논을 갈고, 많은 사람들이 한 줄로 늘어서서 못줄을 잡고 모를 심던 모습은 전혀 볼 수가 없고, 넓은 들판에 이양기 한대가 모심기를 대신한다. 이런 기계들이 없다면 노인들이 많이 사는 농촌은 일손이 없어 농사를 지을 수가 없을 것이다.

옛날, 농지정리로 변해있는 들판 저 만큼 쯤에 우리 논이 있었다. 그 논에서 농사일 하시던 아버지의 모습이 눈에 선하다. 보리타작이 끝난 이때 쯤, 소를 몰고 쟁기로 논을 갈고 쓰레질을 했다. 고를 심고나면 벼 사이에 나있는 풀을 손으로 뽑는다. 물이 차있는 논에 엎드려 풀을 뽑는 논매기는 무척 힘 드는 일이다. 학교에 갔다가 오면 아버지와 같이 논에 들어가 풀도 뽑고 언덕에 나 있는 풀도 베었다. 평생을 황소처럼 일만 하시다가 내가 중학교 3학년 때 세상을 떠나신 우리 아버지, 기억 속에 떠오르는 수많은 영상이 흑백 영화처럼 흘러 지나간다.

고향에 들어서면 고향의 냄새를 맡고 싶어 무조건 걷는다. 마을 골목길도 걸어 보고, 들판도 가로 질러 걸어 본다. 가슴에 젖어드는 허전함은 덧없이 흘러 가버린 세월이다. 들판을 혼자 걸어도 외롭지는 않다. 마을 뒤에 있는 산은 어릴 적 나무를 하러 오르내리던 산이요, 걷고 있는 이 들길은 보리 꺾어 피리불고, 언덕에 피어 있는 찔레꽃 연한 순 꺾어 씹으며 동무들과 어울러 놀던 들판이다. 그 때는 왜 그리 들판을 쏘다녔는지!. 곳곳이 정이 깃던 곳이어서 전혀 혼자인 것 같지가 않다.

들판을 돌아 흐르는 시냇가 저 밑 웅덩이는 여름이면 친구들과 멱 감고 물장난 하던 곳이다. 그때는 맑은 물이 졸졸졸 노래를 하면서 흘렀다. 지금은 그때처럼 멱을 감을 어린 학생을 보기조차 어려운 시골마을, 졸졸졸 흐르던 물소리조차 들리지 않으니 서운하고 허전함에 마음이 무거워진다.

논길을 따라 한참을 내려오니 길옆 논에서 일을 하던 후배 상구가 나를 보고는 반갑게 소리친다.

"아이고, 행님! 언제 왔십니까?"

햇살에 그을린 검고 건강한 얼굴에 환한 웃음을 짓는다.

"여보! 거기 양파 빨리 좀 뽑으소!"

갑자기 아내에게 논에 심어져 있는 양파를 뽑으라고 재촉한다.

"빨간 다마네깁니다. 드릴 건 없고 이거나 좀 갖고 가이소."

흙 묻은 싱싱한 양파를 검은 비닐봉지에 싸서 건네준다. 이게 고향이고 농촌의 인심이다.

오후가 되니 조카들 부부가 왔다. 사는 곳이 멀지 않은 인근의 도시건만 바쁜 일상에 쫓기다 보니 얼굴 보기가 쉽지가 않다. 이렇게 사는 것이 현대인의 가족이다. 정성껏 제사를 올리고, 음복도 하면서 오랜만에 대화도 나누었다. 제사란 조상을 섬기는 행사이기도 하지만 친척이 모여 얼굴도 보고 정을 나누는데 큰 의미기 있기도 하다.

고향을 다녀오면 며칠간은 마음이 따뜻하고 푸근하다. (2020.5.17.)

철학! 바른 인간관계

세상을 살아가면서 제일 어려운 것이 사람과의 관계이다. 일생동안 수많은 사람을 만난다. 그 사람들 중에 만나서 좋은 관계를 맺는 사람이 있는가 하면 반대로 만난 것이 해害가 되는 관계도 있다. 또 내가 잘 해 주지 못했는데도 내게 후의厚意를 보내고 나와 좋은 관계를 갖는가 하면, 내가 정성을 다해 접근을 하는데도 그 사람에게 나라는 존재가 좋게 비추어 지지 않은 경우도 있다.

사람이라는 말은 생물학적 용어이다. 들판에 사람과 염소가 있다라고 할 때는 사람이라는 말을 쓴다. 사람이 사람 사는 세상(세간世間)에서 사람과 더불어 살 때에 인간人間이 된다. 사람이 사회생활을 하면서 수많은 사람을 만나는 것이 인간관계이다. 이 인간관계를 잘 맺고 살기가 어렵다. 심지어 부모와 자식의 관계도 어려운 사람이 있고, 가족 간에도 불화가 있다.

인간관계를 조화롭고 품격있게 맺는 것이 인격人格이다. 그리고 품격品格있는 인간관계를 맺어 가는 사람을 인격자라고 부른다. 학벌이 높고 사회적 지위가 높은 사람이라고 하여 모두가 인격자는 아니다. 학벌과 지위에 상관없이 누구를 만나던지 겸손하고 친절하게 인간관계를 조화롭게 이루는 사람이 인격자이다.

어려운 인간관계를 어떻게 하면 좋은 관계로 맺어 갈 것인가를 연구하는 학문이 철학哲學이다. 다시 말해 철학이란 사람이 사람과 더불어 더 나은 사람으로 살아가는 이치를 연구하는 학문이다.

동서고금을 통하여 먼 옛날부터 인간관계를 연구하는 사람, 즉 철학자가 많이 있었다. 우리는 유명한 과학자는 쉽게 알지 못해도 유명한 철학자는 몇 명은 알고 있다. 공자 왈, 맹자 왈 하는 공자님, 석가와 예수, 근래 '나훈아'가 불러 크게 히트를 한 "테스 형!" 그 소크라테스, 이렇게 네 분의 철학자를 우리는 세계 4대 철학자라고 한다. 그리고 4대 철학자를 성인으로 추앙하고, 그 중에 그들을 따르는 무리들이 종교宗敎라는 문화를 형성하여 2,000년이 지난 지금도 예배하고 있다.

종교는 한문의 뜻대로 마루 宗자에 가르칠 敎, 즉 '으뜸되는 가르침'이다. 위대한 성인의 가르침이니 최고의 가르침이라는 의미이다. 최고의 가르침인 성인의 말씀을 진리로 받들어 그 말씀을 따르고, 그 말씀대로 행동하려 노력하는 것이 종교이다. 성인의 가르침인 경전 속에 중요한 핵심은 다른 사람과의 관계를 좋게 하는 것이다. 네 이웃을 내 몸과 같이 하라!!

성인의 가르침 이외에도 자라오면서 부모님이나 선생님의 가르침도 많이 받았다. 비록 가르침을 일일이 기록해 두지는 않았으나 부모님과 선생님의 가르침도 훌륭하였을 것이다. 그 가르침이 우리의 행동규범이 되고 인격을 형성하는데 많은 영향을 끼쳤다.

이토록 많은 가르침 속에서 성장하고 또 생활을 하여도 완전한 인격에 이르기는 힘든 것 같다. 스스로 보다 나은 인격을 위하여 종교에 심취하기도 하고, 또 별도의 수행도 하여 인격함양에 힘쓰는 사람도 많이 있다. 그러나 이 사회에 범죄가 넘치고, 인간으로써 이해되지 않는 끔찍한 범행들을 볼 때면 사람이라는 동물이 무섭기도 하고 살아가기 힘든 세상이 원망스럽기도 하다.

이런 인간관계 속에 살아가는 사람들의 삶에 가장 영향을 주는 것도 역시 사람이다. 누구를 만나느냐에 따라 그 사람의 삶이 달라진다. 즉 사주팔자가 달라진다. 그래서 「사주팔자는 사람 만나기」이다. 부모를 어떻게 만나는가, 또 학교를 다닐 때에 어떤 선생님을 만나는가, 친구를 어떻게 만나는가에 따라 그 사람의 운명이 달라진다. 직장에서 학교선배인 상사를 만나면 진급이 훨씬 빨라지는 일도 있다.

이렇게 만나는 많은 사람 중에 운명을 결정짓는 가장 중요한 사람은 배우자이다. 여자는 남편을 잘 만나면 평생 사주팔자가 좋아 편하게 산다. 그리고 보통의 남자는 여자 복에 먹고 산다. 아내가 가정에서 허투루 살면 남편이 막아내기 어렵다. 그러나 아내가 절약하고 지혜로우면 그 집 가문이 달라진다. 중국사람 '구양수'는 "내가 마음고생 하지 않고 지낸 것은 재력이나 지위 때문이 아니라, 내 아내의 덕德이다"라고 했다.

평생 동안 만난 수많은 사람들은 세월이 흐르면 모두가 잊혀져 가고, 내 곁에 남아있고 내 기억 속이 남아있는 사람은 그리 많지가 않다. 내가 진실로 만날 사람은 애초부터 이미 정해져 있다. 내 주위를 둘러보라. 내 곁에 남아있는 사람이 누구인가. 궁극적으로 운명을 결정하는 사람은 부부와 가족, 그리고 친구 몇 명이다. 그 사람과 좋은 인간관계 속에 살고 있다면 지금의 삶은 행복한 것이다. 좋은 인간관계의 핵심은 겸손과 배려와 사랑이다.

아내! 내 소중한 사람

갑자기 한 수술이다. 4월 16일 무릎 인공관절 수술을 했다. 이번 수술은 정말 아팠다. 아프다고 해 봤자 듣는 사람은 얼마나 아픈지 알지 못한다. 밥을 두 그릇 먹어 배부른 사람에게 사흘 굶은 사람이 배고프다고 말해봤자 얼마나 배가 고픈지 알지 못하는 것과 같이 아프다는 말도 마찬가지다.

수술을 몇 번 해 봤지만 이번 수술은 상상 밖으로 통증이 심했다. 무통주사도 몸에 맞지 않아 달지 못해 진통제만 수없이 맞고, 식사까지 할 수가 없어 병원에 입원해 있는 동안 하루하루가 정말 힘들었다. 그런데 3주 동안 입원해야 한다고 한 것을 다행히 사흘 먼저인 18일 만에 퇴원을 했다.

집에 와서 느낀 것은 첫째 병원이 지옥이라면 내 집은 천국이다. 마음이 편안함은 제쳐 두고라도 우선 행동하기 편하고, 내가 잠자는 침대도 그렇게 안락 할 수가 없다. 몸 안에 있는 세포들이 가지런히 정신을 차리는 기분이다. 몸속의 세포가 정신을 차리니 마음도 안정 될 수밖에 없을 것이다.

두 번째 느낀 것은 아내에 대한 고마움이다. 아내가 있어 마음이 안정될 뿐만 아니라 아내가 나에게 이렇게 필요한 존재인지 새삼스럽게 느꼈다. 수술한 다리가 아파 걷기가 힘들지만, 아내는 내가 불편 한 것 하나 없이 내 몸과 같이 나를 도와준다. 이렇게 내 몸이 불편 할 때 아내가 없었더라면 마음이 어땠을까 하고 생각해 보니 그 처절한 심경을 상상 하기 조차 어렵다. 생각 할수록 아내의 소중함이 절절하게 느껴진다.

아내와 살아 온지도 어언 40여년의 세월이 지났다. 돌이켜보면 내 성질이 좋지 못해 아내에게 따뜻하게 해 준 기억이 별로 없다. 또 아내 때문에 내 뜻대로 하지 못한 것이 하나도 없는 것 같다. 아내는 남편의 기세에 눌려 불만이 있어도 별로 대꾸도 없었다. 그러나 사람의 마음이 어디 그런가. 불만이 있으면 애도 탔을 것이다. 이 성질 나쁜 남편의 기분을 맞추어 가며 불평 한마디 없이 이 날까지 살아온 아내가 미안하고 감사할 따름이다.

옛날에 어른들이 '여자가 집안에서 아무리 많은 일을 해도 일을 한 표가 나지 않는다'라고 하시던 말씀을 들은 적이 있다. 나 역시 이때까지 아내가 집에서 하는 일이 많다는 생각은 해 보지를 않았다. 그런데 요즘 와서 나도 아내가 하는 일에 관심을 가지고 가만히 보니 두 사람이 살아가는 가정살림이지만 주부인 아내의 집안일은 생각보다 많은 것을 알았다.

아내는 아침 4시 반이면 일어나 목욕탕에 간다. 집에 오는 시간이 6시, 그때부터 집안일의 시작이다. 청소, 빨래다리기를 비롯해 잡다한 일들을 처리하고 아침을 준비하여 8시에 식사, 식사 후 설거지, 셀 수도 없고 일일이 적을 수도 없는 것이 집안일이다. 집안에 있는 모든 물건들이 반듯하게 정리 정돈되어 있고, 가구 위에 먼지 하나 없이 반짝반짝 청소되어 있으며 베란다에 있는 화초들이 예쁘게 꽃을 피우는 것도 모두가 아내의 부지런한 손길 때문이다. 고맙고 감사한 일이다.

영국의 철학자 '베이컨'은 "아내는 젊은이에게는 연인이고, 중년 남자에게는 반려자이며, 늙은이에게는 간호사다"라고 했다. 꼭 맞는 말인 듯하다. 나이 많아 아픈 곳이 많아진 남편에게 아내만큼 간호를 잘 해 주는 사람이 누가 있겠는가. 열 자식보다 악처가 낫다는 말도 남편을 돌보는 사람은 아내가 제일이라는 말 일게다. 나 역시 이 순간 아내만큼 편하고 따뜻한 간호는 이 세상 어디에도 없을 것이라고 말 할 수 있을 것이다.

앞으로 우리 부부가 등을 맞대고 살아 갈 날이 얼마나 될까. 20년, 30년의 세월은 아닐 것이다. 10년 세월은 잠깐이다. 아내 역시 나이를 먹으니 아픈 곳이 많이 생긴다. 이제부턴 아내에게 내가 최고의 간호사가 되어 주어야겠다.

'탈무드'에 '아내를 괴롭히지 말라, 하나님은 아내의 눈물을 세고 계신다'라는 구절이 있다. 지금까지 하나님이 세어 놓은 아내의 눈물은 얼마나 될까. 이제부터는 하나님께 아내가 눈물을 보이는 일이 없도록 해야겠다. 새삼스레 아내에게 감사를 보낸다.

여보! 고맙소!

(2021. 06. 02)

4.15! 부정선거인가?

지난 4월 15일, 제21대 총선이 치러졌다. 국회의원 선거가 있을 때마다 아주 어릴 적 선거운동 하던 모습이 머리에 떠오른다. 자동차에 스피커를 달고 연사가 유창한 언변으로 "기호 0번, 우리의 일꾼 아무개를 국회로 보냅시다"라고 외치면서 시골 골목골목을 다녔다. 그리고 합동 연설을 하는 날은 많은 사람들이 모여 출마자의 정견발표를 듣는다. 유세장 가에는 술과 음식을 팔려고 자리를 잡은 사람도 있다. 후보들의 연설이 끝나면 주민들이 모여서 막걸리를 한잔 나누면서 어느 후보가 연설을 잘했다고 평가들을 하였다. 그런 모습을 보면서 어린 마음에 그래도 선거는 축제와 같은 분위기라고 느꼈다.

그리고 저녁이 되면 흰 고무신을 집집마다 나누어 줄 때도 있었고, 현금을 봉투에 넣어 준 때도 있었다. 내 자신도 나이 40쯤에 모 지역 모 후보로부터 현금 20만원을 받아 본 일이 있다. 요즘은 법이 강화되어 선거와 관련하여 금품을 수수하면 그 금액의 60배를 벌금으로 물어야 하니 고무신 나누어 주고 막걸리 사 주고, 현금을 주던 것은 참으로 옛날 호랑이 담배 피우던 시절의 이야기이다.

세월이 가고 나이가 들수록 왠지 정치하는 모습들을 생각하면 화가 치민다. 나뿐만 아니라 많은 사람들이 정치에 염증을 느끼고 있는 것 같다. 근본적으로 정치는 국민이 잘 살도록 나랏일을 맡아 하는 것이다. 그러기 위해서는 우선 지식과 덕망이 있는 사람이 출마해야 한다. 그리고 그 사람이 얼마나 열심히 일 할 것인가 국민으로부터 심판을 받아야 하는 것이다. 그런데 그런 것은 간데없이 과거에 운동권에서 투쟁을 일삼던 사람, 정치판에서 줄 대고 기다렸던 사람들이 대다수이다. 그들은 정치를 잘 하겠다는 말은 한마디 없다. 인물도 없고 정책도 없다. 오로지 지역으로 편 가르고 이념으로 편 갈라 서로 상대편을 헐뜯어 온간 유언비어와 폭언, 막말이 판을 친다. 그러니 누가 정치를 좋게 생각하며 옳은 일꾼이 선출이 되겠는가.

이번 415 국회의원 선거의 결과는 여당의 대승으로 끝이 났다. 선거도 하기 전에 여당의 모 인사가 당선의 목표를 180석이라고 말하더니 그 말대로 180명이 당선이 되는 결과를 가져왔다. 야당인 통합당에서는 103명이 당선이 되었다. 국회위원 선거에서 여당이 이번 선거처럼 총 인원 300석 중에 여당이 180석을 차지한 것은 유사 이래 처음 있는 일로 과거 군사 정권시대에도 이런 선거 결과는 없었다. 여당의 국회의원 수가 과반의 숫자가 넘으니 앞으로 다수당인 여당이 이끌어 가는 정치가 어떻게 되어 갈지 국민들은 궁금하기도 하고 두렵기도 하다.

선거가 끝나자 이번 선거가 부정선거라는 말이 나왔다. 투표한 것을 분석하니 도저히 일어 날 수없는 결과치가 발생하고, 그것은 동전 100개를 10번을 던져 같은 면이 나올 확률과 같다는 것이다.

그리고 여당 국회의원이 당선 된 지역에 정당을 지지하는 투표자 수는 야당이 더 많았다. 다시 말하면 유권자가 정당은 야당에 투표하고, 국회의원은 여당에 투표를 한 결과이다. 야당을 지지하는 사람이 여당 국회의원에게 투표한다는 것은 보편적 상식으로 있을 수가 없다. 이런 사례 외에도 투표함의 봉인지가 뜯어져 있기도 하고, 투표함 속에 전혀 접은 흔적이 없는 투표지가 100만원 다발처럼 들어 있는 것도 있었다. 이래서 부정선거라는 것이다.

야당에서 출마를 하였다가 낙선된 의원 몇 명이 줄기차게 부정선거라고 주장을 한다. 가만히 들어 보면 그 사람들의 주장이 대부분 옳다고 생각된다. 그러나 부정선거라는 의견에 반대하는 사람들도 있고, 특히나 이상한 현상은 야당으로 출마하여 당선이 된 사람들은 일언반구 말이 없다. 이왕 국회의원에 당선이 되었으니 골치 아픈 일에 말려들지 않고 국회의원 배지나 잘 지키고 있겠다는 뜻인가. 부정선거라는 것은 예삿일이 아닌 아주 중대한 범죄이다. 국회의원 선거에 부정이 있었다는 여론이 있으면 사실을 확인해 봐야하고, 또 부정한 사실이 확인되면 그 실정을 명명백백하게 밝혀야 하는 것이 야당의원의 역할이다.

더 큰 문제는 부정선거에 대하여 이의나 소송을 해도 선거관리위원회나 법원이 꿀 먹은 벙어리다. 선거와 관련한 소송은 6개월 내에 판결을 해야 한다. 그럼에도 부정선거에 대한 이의나 선거소송을 6개월이 넘었는데도 판결할 기미가 보이지 않고, 선거관리위원회나 대법원에서는 오히려 부정선거라고 주장하는 사실들을 감추려고 애쓰는 것 같기도 하다. 만약 부정선거가 확실함에도 선거관리위원회나 법원이 모른척하고 덮고 간다면 이 나라는 민주 국가라 할 수 없다. 아니 이 나라의 민주주의는 사망했다고 해야 할 것이다.

내가 초등학교 5학년 때 3.15 부정선거가 있었는데 역사적으로 나라를 바꾸어 놓은 큰 사건이다. 부정선거를 어떻게 했는지는 나이 어린 우리들도 잘 알 수 있었다. 학교에서는 선생님이 이승만박사, 리기붕선생에 대하여 한 시간씩이나 설명을 하였고, 어머니는 이웃집 어머니와 3명씩 짝을 지어 함께 공개적으로 투표를 한다는 것이 기억난다. 315부정선거로 인하여 4.19혁명이 일어났다, 특히 전국에서 학생들이 길거리로 쏟아져 나왔고 학생들을 향하여 경찰이 총을 쏘는 모습을 신문에서 보았다.

4.19혁명으로 인하여 이승만대통령은 하야하여 하와이로 망명을 가시고, 그 뒤 민주당이 정권을 잡았으나 무능하여 매일 데모로 날이 새고 해가 저물었다. 심지어는 초등학생도 데모를 했고, 데모를 하지 말라고 데모를 하는 지경이었다. 그러자 5.16 군사쿠데타가 발생하였다. 쿠데타가 일어나자 대통령이 하신 말씀 "내 이럴 줄 알았다". 라고 했다 한다. 지금 생각하면 참으로 한심하고 무능한 대통령의 말씀이다. 이번 4.15 선거로 인하여 부정선거라는 말을 들으니 아물아물하는 옛날이 생각난다.

(2020. 6. 5)

꽁보리밥 도시락

초등학교 2학년 봄 소풍 때이다. 소풍 가는 곳은 학교에서 4키로 떨어진 「세민못등」이었다. 「세민못등」은 남해 지역 사투리로, '세민'은 지역명이고 '못등'은 저수지 둑을 가리켜 부르는 말이다. 어릴 적, 내일 소풍을 간다고 하면 오늘 밤은 잠도 오지 않았다. 소풍 가는 곳이래야 맨 날 우리가 사는 시골의 산등성이 거기가 거기인데도 마음은 무척이나 설레었다.

지금 농촌의 봄과 어릴 적 농촌의 봄은 완전 다른 느낌이다. 지금은 농촌도 도회지와 진배없는 곳곳에 철근콘크리트 건물과 높은 아파트가 들어 서 있다. 아스팔트로 넓게 포장되어 있는 도로에는 차들이 줄을 지어 달린다.

그러나 어릴 적 시골은 산자락 밑 부락에 옹기종기 전부가 초가집이요, 좁은 신작로는 자갈길이다. 자동차는 몇 시간 만에 시간 맞춰 지나가는 버스와 간혹 짐 실은 트럭이 흙먼지를 휘날리며 지난다. 한적하기만 한 시골 신작로 가엔 파란 보리가 싱싱하게 자라있다. 노란 장다리가 피어있는 언덕에 아지랑이 아롱거리고, 길 아래 도랑에는 맑은 물이 졸졸졸 흐른다. 생각해 보면 그 보다 더 아름다운 풍경은 세상천지 어디에도 없을 것이다.

「세민못둥」에 가면 길이 50미터 쯤 되는 둑이 있는 자그마한 저수지와 그 옆에 오래 된 벚꽃나무 숲이 자리하고 있다. 벚꽃이 활짝 필 때면 저수지에 담겨있는 파란 물과 하얀 벚꽃이 어우러져 장관을 이룬다. 거기에 소풍을 가서 하는 것이라고는 뚝 위를 뛰어 다니다가 점심을 먹는 일이 전부이다. 소풍은 교실을 떠나 어머니가 싸 주신 도시락을 야외에서 먹는 그 재미다.

어릴 적에는 도시락이란 말보다는 「밴또」라는 말을 많이 썼다. 「밴또」는 일본 말인데, 「밴또」가 상용어이고 도시락이라는 우리말은 아예 하지를 않았다. 지금은 소풍을 가면 김밥을 예쁜 도시락 통에 담아 가방에 넣어 메고 가지만, 그때는 책보자기에 「밴또」를 싸서 손에 들고 갔다.

기대하던 점심시간이 되었다. 언덕 밑 양지 바른 곳에 자리를 잡고 앉아 보자기를 풀었다. 나는 어머니께서 노랗게 코팅이 된 「밴또」에 쌀밥을 담고, 반찬은 멸치를 고추장에 볶은 것을 넣어 주셨다. 그런데 옆에 있는 친구는 하얀 알미늄 「밴또」였다. 친구가 「밴또」뚜껑을 여는데 밥은 쌀 하나 섞이지 않은 완전 꽁보리밥이다. 그런데다가 알미늄 그릇의 녹물이 꽁보리밥에 묻어 밥은 아예 새까맣게 되어 있다. 게다가 반찬그릇은 사기 장종지를 밥 가운데에 박고, 그 속에는 장독에서 근방 펴 낸 새까만 시골 된장을 담아 왔다.

그 친구는 숟가락으로 밥 한 숟갈을 가득 떠서 입에 넣고, 숟가락 끝으로 생된장 찍어 반찬하고, 숟가락으로 밥 한 숟갈을 가득 떠서 입에 넣고, 숟가락 끝으로 생된장 찍어 반찬 하여 소풍 온 즐거운 마음으로 밥을 맛있게 먹는 것이었다.

참으로 그때는 어려운 때였다. 특히나 5월을 넘어 6월에 들어서면 보릿고개이다. 먹을 양식이 없어 때를 거르는 사람들도 있었다. 우리 집에서 쌀 방아를 찧어 오는 날, 이웃집 아주머니가 채를 들고 찾아온 일이 있다. 쌀겨를 채로 걸러 부드러운 가루를 받아, 그것으로 죽을 쑤어 먹는 것이다. 이것도 없으면 굶어야 한다. 눈물겨운 보릿고개이다.

점심시간이 끝나면 보물찾기나 장기자랑을 한다. 그리고는 소풍이 끝났다는 소리가 무섭게 집으로 달린다. 5월의 봄, 하늘 높이 종달새 노래 소리, 길 옆 우거진 수풀 속에서는 꾀꼬리 소리가 귀가 따갑다. 소풍 온 친구들의 기분은 하늘 높이 나는 종달새 보다 더 높이 나른다.

「밴또」를 싼 보자기를 어깨에 묶고는 자갈이 깔린 신작로를 내달린다. 「밴또」속에 들어 있는 빈 반찬그릇 딸각거리는 소리가 요란하다. 그러나 달리는 친구들은 요란한 빈 반찬그릇의 시끄러운 소리에 더 힘을 내어 달려 어느새 십리 거리에 있는 집에 도착한다. 5월의 소풍은 끝이 났다.

나는 여름이면 간혹 보리밥집을 찾는다. 보리밥 맛이 그리워서다. 보리밥을 많이 먹어 보리밥은 절대 안 먹는다는 사람도 있지만 보리밥 집에 가면 손님이 많이 있다. 어릴 적 질리도록 먹은 보리밥이 이제는 웰빙식이 되었다.

보리밥에 열무김치, 된장, 고추장을 한데 넣고 추억도 같이 넣어 비빈다. 보리밥을 비빌 때면 그 소풍회 날, 꽁보리밥에 생된장을 맛있게 먹던 그 친구가 머리에 떠오른다. 그 친구도 나처럼 보리밥집을 찾아 그토록 어렵던 어린 시절을 추억하겠지.

기생충

기생충은 동물의 몸에 붙어 영양분을 훔쳐 먹고 사는 해충害蟲이다. 사람의 몸속에는 회충, 십이장충, 촌충, 편충 등이 있다. 우리가 어릴 적에는 몸속에 기생충이 많았다. 특히 회충이 많아 학교에서는 정기적으로 회충약을 나누어 주고 회충이 몇 마리 나왔는가를 조사하기도 했다.

요즘은 보기 드문 일이나 팔과 다리는 몹시 가늘면서 배만 불룩하게 나온 애들이 많이 있었다. 영양실조인 경우도 있었지만 배속에 회충이 많아 그렇게 되었다고 했다. 그 때 가끔씩 도회지에서 의사들이 시골에 계몽을 나왔는데, 그런 애들에게 회충약을 먹였더니 회충이 수십 마리가 나왔다는 말도 들었다. 지금 생각하면 끔찍한 이야기다.

『기생충』이라는 영화가 있다. 이 영화는 봉준호 감독의 행운작이다. 칸영화제의 황금종려상을 비롯하여 오스카상에서 작품상, 각본상등 온갖 상을 휩쓸었다.

많은 상을 받은 유명한 영화라 『기생충』을 보기 위해 영화관을 찾았다. 기생충! 제목 자체가 별로 유쾌하지 않다. 특히나 어린 시절의 추억이 있어 왠지 찜찜했다. 기생충이란 제목처럼 영화의 내용도 그렇게 전개되리라 미리 짐작도 해 보았다.

영화는 반 지하 단칸방에 가족이 함께 살고 있는 가난한 남학생이 넓은 저택에서 잘 사는 부잣집 딸의 가정교사로 들어가면서 이야기가 시작된다. 우선 부잣집의 큰 저택과 학생이 살고 있는 반 지하집이 비교가 된다. 그런데 그 남학생이 부잣집에서 자신만 가정교사를 하면 될 것을 엉뚱한 생각으로 자신의 여동생을 가정교사로 소개해 넣고, 어머니를 가정부로, 아버지를 자가용 기사로 채용하도록 한다.

자신의 가족을 부잣집에 불러들이면서 모든 자격이나 경력을 허위로 조작한다. 여동생은 미국의 모 대학을 졸업한 것처럼 졸업장을 컴퓨터를 이용하여 위조 한다. 아버지, 어머니도 자신과 관계없는 타인이라고 속이고 경력도 거짓으로 꾸민다. 그러나 결국 모든 것이 사실로 드러나면서 평온하고 행복하게 잘 살고 있던 부잣집에 불행을 안겨주고 끝을 맺는다.

우리가 사는 세상에서 잘 사는 사람을 죄악시 한다거나, 이유 없이 원한을 가질 대상은 아니다. 세상에는 얼굴이 잘 생긴 사람도 있고, 얼굴이 못 생긴 사람도 있다. 또 재주나 능력이 나은 사람도 있고, 좀 모자라는 사람도 있다. 마찬가지로 부자로 사는 사람도 있고 가난한 사람들도 있기 마련이다.

또 이 지구에 살고 있는 모든 사람이 꼭 같은 일을 할 수가 없다. 이런 일도 하고 저런 일도 한다. 편하면서 돈도 많이 버는 일도 있고, 어렵고 고된 일을 하면서 수입이 적은 일도 있다. 그렇게 하면서 사회적 구조를 이루며 살아가는 것이다. 아침 일찍 깨끗한 길을 걸을 수 있는 것도 누군가 밤새 힘들게 청소를 한 사람이 있기 때문이다.

내가 하는 일 보다 나은 일이 있다면 그것들은 다 꿈의 대상일 뿐이다. 부자는 가난한 사람의 꿈이요, 고위 공직은 하급 관료의 꿈이다. 꿈은 쉽게 이루어지는 것이 아니다. 또 변칙으로 이룰 수도 없고 가짜로도 행세 할 수가 없다. 오직 그 꿈을 이룰 수 있도록 부단히 노력해 가는 게 인생이다.

근래 영화『기생충』같은 일이 실제 발생했다. 이런바 현재 재판에 계류 중인 조국趙國사건이다. 조국은 서울대학교 법대교수이고 그의 부인은 동양대학 교수이다. 조국교수는 교수의 신분으로 사회나 정치에서 일어나는 일에 대하여 온갖 정의로운 말을 다 한 사람이다.

그런 사람이 자신의 부인과 함께 아들, 딸의 진학을 위하여 경력증명서를 위조했다는 것이다. 고등학교 1학년 학생인 딸을 친분이 있는 다른 대학 교수의 의학 연구논문의 제1저자로 등재하는가 하면, 실제 참여하지 아니한 인턴의 증명서와 받지도 않은 상장을 영화『기생충』에서와 같이 컴퓨터를 이용하여 가짜로 만들었다.

조교수의 딸은 고등학교부터 대학, 대학원까지 시험 한번 치지 않고 입학하였다. 대부분의 학생들은 꿈과 희망의 사다리를 바라보며 밤을 새워 공부를 하는가 하면, 부모는 없는 돈에 자식의 학원비를 벌기 위해 뼈가 빠지게 일을 하는 것을 생각해 보면 참으로 어처구니가 없는 일이다. 그런데 양심이 없는 것은 이러한 일들이 누가 봐도 탈법이고 위법임에도 온갖 거짓말로 변명하고 있다는 사실이다.

그리고, 허위 날조와 위선으로 점철된 그런 사람이 법무부장관에 임명되었다. 세상 참 신비롭다. 짧은 기간 장관직을 마치고 사직하였으나 자녀의 입시 부정과 관련한 검찰의 조사에서는 묵비권을 행사하고, 재판정에 증인으로 출석하여서는 증언을 거부하고 있다. 법대교수이면서 비록 잠시 동안이나마 법무부장관이었던 사람이 법을 깡그리 무시하고 있다. 그러면서도 그 사람의 입에서는 지금도 정의를 부르짖는다. 계류 중인 재판의 결과가 어떻게 마무리 될지는 알 수 없으나 세상에 이리도 양심이 없는 사람이 있는지 새삼 놀라울 따름이다.

하루를 살아도 내가 맡은 일에 충실하며, 양심적으로 살다가 가는 것이 인간의 도리가 아닌가 생각하며, 욕심 없이 살아가는 내 자신이 떳떳하고 맘 편하다.

요양병원

근래 눈에 많이 띄는 간판이 병원간판이다. 부산 서면 거리에 한동안 성형외과 간판이 많았다. 그런데 요즘은 갑자기 척추, 관절 또는 허리, 어깨, 무릎이라고 써진 간판이 많이 생겼다. 다음으로는 안과 간판이 눈에 많이 보이는 것 같다. 이런 현상은 한마디로 고령사회의 특징이다. 노인들의 숫자가 많으니 허리, 어깨, 무릎에 고장이 나는 사람이나 시력이 나빠지는 사람이 많고, 그에 따른 병원들도 개업을 많이 한다는 생각이 든다 .

그 다음 많이 생겼다고 생각되는 곳이 요양병원이다. 우리가 마지막 가야 할 곳이 그곳이 아닌가 싶다. 살다가 병이 나서 자신이 스스로 거동하기 어려우면 가야 할 곳이 바로 그 곳이다. 현대인의 고려장터라고 하지만 거동 못하는 노인이 어디에서 지내겠는가.

집에서는 요양하기가 쉽지 않다. 부부가 같이 살면 그래도 약간의 불편한 몸은 남편과 아내가 서로가 도우며 집에서 지낼 수가 있겠지만 부부의 어느 한쪽이 없는 경우라면 결국 자식이 보살펴야 할 것인데 바쁜 직장생활, 쪼달리는 가정형편 때문에 쉽지가 않다. 효자, 불효자를 떠나서 자식이 부모를 모시고 살기에는 어려운 것이 현실이다.

현대사회는 핵가족 사회이다. 그 좁은 공간 속에 부모가 들어가는 자체가 어려움이 많이 있다. 노인들이 살아온 습관이나 생활방식이 젊은 사람들과 많이 달라서 서로가 불편하다. 아들, 며느리, 손주들이 외식을 가거나 여행을 가려해도 왠지 늙은 부모가 짐이다. 그렇다고 부모를 두고 휑하니 가려니 마음에 부담이 된다. 이런 상황을 잘 조절하지 못하면 서로 간에 원망이 생기고 불화가 생기기 마련이다.

어떤 경우는 어머니를 모시고 산다고 하면서 어머니가 식모고 가정부이다. 일체의 가정 살림은 물론이요, 집안 청소에 손자들까지 돌봐야 한다. 아침에도 시어머니가 일찍 일어나 청소 다하고, 아침 식사 준비가 끝나, 자식들 깨우면 그때사 며느리도 일어나 식탁에 앉는다. 그렇게 해도 시어머니가 그 집안에 같이 사는 것이 불만인 며느리도 있다. 딸도 마찬가지이다.

부모와 같이 사는 집 형태를 보면 그 부모를 모시고 사는 지, 데리고 사는지를 알 수 있다. 부모를 모시고 사는 집은 주택이 자식의 소유라도 부모가 안방에 사는 집이다. 자식이 안방을 차지하고 부모가 작은 방에 기거를 한다면 그 집은 부모를 모시고 사는 집이 아니라, 부모를 데리고 사는 집으로 봐야한다. 자식이 모시고 살던, 데리고 살던, 부모는 나이 많아 병들면 병원으로 가야하고, 병을 치료하다 거동이 어려워지면 결국은 요양원 신세가 되어야 하는 것이다.

요양원 신세가 되면 제 아무리 큰 건물, 넓은 땅, 많은 재물을 가지고 있어도 소용이 없다. 은행에 넣어 둔 많은 돈도 내 것이 아니다. 요양원에 있는 사람 누구에게나 똑같이 요양원에서 해 주는 대로 받아먹고, 환자복 입고 지내야 한다. 많이 가지려 욕심 부리고, 돈 아까워 좋은 옷 한 벌 못 사 입고, 고급 식당에 가서 맛난 음식 한 번 먹어보지도 못하고 모아 두었던 돈도 이곳에 들어 온 뒤에는 움직이지 못하는 몸으로 별 쓸모가 없게 된다.

요양원에는 나이가 많으신 분들이 침대에 누워 지낸다. 저런 상태로 요양원에서 지내는 것도 사람이 사는 것인가. 요양원에서 움직이지 못하는 몸으로 침대에서 지내는 시간은 100세 시대의 100이라는 숫자에 넣지 않아야 할 것 같다. 내 육신을 내 마음대로 움직이고 활동을 할 때 사람이 살았다고 할 것이기 때문이다.

삶의 끝에서 보면 인생의 답은 없다. 젊어서는 꿈과 희망 속에 힘차게 살았다, 나이 들어 나름 멋있게 이름도 날리며 높은 자리에 앉아 행세도 했다. 악착같이 재물도 모았다. 아름다운 지구별에서 온갖 역할을 다한 멋진 배우였다. 그러나 요양원에서 보면 그런 것이 다 헛된 꿈이요 환상일 뿐이다.

인생이란 무엇인가. 인생의 끝에서 머무는 요양병원에서 힘없이 여생을 기다리는 모습만을 그려서는 안 될 것이다. 인생은 그렇게 무의미한 것만은 아니다. 인생은 허무한 나그네길이 아니다. 아름답고 뜻 깊은 사연들이 머릿속 낡은 일기장에 겹겹이 쌓여있다. 못다한 사연들이 촘촘히 남아 있다. 이 생이 끝나고 또 인연이 되어 이 아름다운 지구별에 다시 태어나면……

고구마빼때기

이웃집 아주머니가 군고구마를 가지고 왔다. 그런데 고구마가 정말 잘 구워졌다. 껍질은 조금 탄 곳이 있어도 속살은 전혀 타지 않고 발갛게 잘 익어 보기에도 맛이 있을 것 같다. 껍질이 속살에 붙어 있지 않아 껍질을 벗기기도 쉽다. '에어프라이어'라는 주방기구에 구운 것이라 한다. 맛이 정말 일품이다. 원래 고구마는 삶은 것 보다는 구운 것이 더 맛이 있지만 전자기기에 구운 것이라 그런지 속에서 진까지 베어 나와 고구마가 꿀맛이다.

해마다 가을이 되면 욕지도에서 고구마 한 상자가 배달되어 온다. 그 고구마를 받을 때면 옛날 생각을 했다. 고구마는 6월 쯤 보리를 베고 난 밭에 심는다. 씨 고구마를 땅에 심어 넝쿨이 길게 자란 것을 적당한 크기로 잘라 옮겨 심는다. 먼저 소를 몰고 쟁기로 이랑을 만들어 이랑을 따라 땅을 파서 고구마 줄기를 묻고 손으로 흙을 덮는다. 엎드려 하는 일이라 허리도 아프고 무척 힘이 든다. 거기에 6월 갑작스레 소낙비라도 내리면 하던 일이라 멈출 수는 없고 쏟아지는 비를 그대로 맞는 채로 고구마 줄기를 심는 때도 있었다. 그렇게 고생을 하지만 가을철 고구마가 땅 속에서 쏟아져 나올 때는 가슴 뿌

듯하다, 그것이 땅의 정직함이요, 농부의 보람이리라.

고구마는 겨울철 양식도 되었지만 봄철 보릿고개에 배고픔을 면하게 하는 구황식품이다. 캐낸 고구마는 광속에 그냥 쌓아 보관한다. 그러나 너무 오래 둘 수는 없어 겨울철에 먹을 양은 저장하고, 나머지는 얇게 썰어서 말린다. 이렇게 말린 고구마를 「빼때기」라고 불렀다. 이 빼때기는 마당에 멍석을 펴서 말리는 경우도 있지단 햇살이 잘 비치는 초가지붕 위에 널어서 말린다. 겨울철에는 마을 가운데 여러 집이 지붕에 빼때기를 널어 놓아 초가집이 하얀 지붕이었던 것이 시골의 특이한 풍경이기도 했다.

빼때기 말이 나오니 생각나는 것이 있다. 요즘 애들을 보면 뒤통수가 비뚤어진 것을 보기가 어렵다. 그러나 우리가 어릴 적에는 뒤통수가 비뚤어진 애들이 흔히 있었다. 그런 애들 별명이 빼때기이다. 고구마를 얇게 썰어 말리면 바르게 생긴 것이 없이 전부가 비딱하게 꼬여서 말라있다. 그렇게 비딱하게 생긴 빼때기를 비뚤어진 뒤통수에 비교한 것으로 그런 애들한테 빼때기라고 참 많이 놀렸다.

지붕에서 잘 말려진 빼때기는 보관하였다가 봄철에 삶아 먹었다. 봄이 되면 보관하고 있는 양식도 얼마 남지 않는다. 이때가 보릿고개이다. 어머니가 보리가 다 익어 타작을 할 때 까지 양식이 모자라는 일이 없도록 곡식을 절약하는 차원에서 빼때기 죽으로 끼니를 때우는 날이 있었다.

빼때기 죽으로 보릿고개 양식을 절약하는 것은 그래도 형편이 나은 집이다. 남은 양식이 없고 빼때기도 없어 때를 거르거나, 식사 때마다 죽으로 끼니를 이어 가는 어려운 형편의 집들도 많이 있었다.

요즘 유행하는 노래 「보릿고개」의 가사처럼 초근목피로 연명하던, 돌이켜 보면 어머니의 허리를 한없이 휘게 하던 참으로 어려운 시절이었다.

빼때기 죽이 너무나 맛있었던 것이 기억난다. 단맛을 좋아하는 나는 빼때기를 삶을 때 넣는 사카린의 단맛에 그랬는지 몰라도 밥보다는 빼때기 죽을 더 좋아했다. 빼때기 죽을 점심에도 먹고 저녁에도 밥 대신 먹었다.

어려운 시절에 식량으로 대신하던 고구마가 요즘은 슈퍼푸드 목록에 빠지지 않는 식품이 되었다. 고구마에는 활성산소를 없애는 베타케로틴이라는 물질을 비롯 비타민C, 비타민D, 미네랄 등, 뼈, 심장, 신경, 혈압에 좋은 영양소들이 많이 들어 있다. 가난해서 먹은 고구마가 몸에 좋은 보약을 먹고 자란 셈이다.

명품! 신개금 우성아파트

신개금 우성아파트!

어언 30년의 세월을 살아 온 나의 보금자리이다! 서면 로타리에서 자동차로 15분 거리에 위치해 있는 우리 아파트는 입구에서 보면 일반 평지인 것 같지만 사실은 산을 깎아 세운 곳이다. 그래서 우리 101동 뒤편은 바로 산이고 숲이다. 처음 이사를 왔을 때에는 아파트 옆 골짜기 따라 졸졸 흐르는 물속에서 민물 가재가 발견되기도 했다.

30년의 세월 동안 주위의 환경의 많이 변했다. 우리 아파트 위쪽에도 산을 대지로 만들어 아파트가 많이 들어섰다. 어마어마한 아파트 군락을 이룬 셈이다. 그런데 다행히도 101동과 연접되어 있는 뒤편, 소나무와 아카시아 숲 9천평이 그대로 남았다, 구청에서 이곳 숲속에 베드민턴 코트 2개, 소형축구장 1개, 그 외 작은 운동 시설 등을 설치하여 공원을 조성하고 「테마공원」이라 이름을 지어 간판까지 붙였다. 그러나 울타리 하나 사이로 우리 집과 붙어 있어 「테마공원」은 우리 집 정원庭園이다.

어디든 정들면 거기가 제일 좋은 곳이다. 나는 이곳이 참 좋다. 아파트를 나서면 곧 바로 아름드리 굴참나무와 소나무 밑을 걷게 된다. 이른 봄, 새잎이 연둣빛으로 파릇파릇 피어 날 때면 우거진 나뭇가지 밑을 걷는 내 몸속에 흐르는 피가 스스로 맑아지는 듯하고, 가을날 굴참나무 낙엽이 떨어져 길 위에 수북이 쌓일 때면 발아래 밟히는 나뭇잎이 마음을 청량하게 해 준다. 그리고 자연스레 어디 있는지도 모르는 시몬을 부르게 된다.

시몬! 너는 아는가?

계절별로 숲 속에서 들리는 소리가 다르다. 이른 봄에는 까치 떼가 숲을 차지한다. 아침 5시 반만 되면 잠이 깰 정도로 지저귀기 시작 한다. 그런데 같은 소리로 지저귀는 것이 아니다. 가만히 들으면 제 나름의 언어로 의사소통을 하는 것처럼 그 소리가 다 다르다. 까치 떼가 없어지는 듯 하면 이름 모를 뭇 새들의 노래 소리가 그 뒤를 잇는다, 대체적으로 춘분까지는 아침 5시 반부터 울기 시작한다. 그러다가 춘분이 지나면 정확하게 5시만 되면 울기 시작하는데 그 새 소리가 숲을 뒤덮는 듯하다.

여름철 귀가 따갑게 울어대던 매미는 처서處暑가 되면 소리가 없어진다. 처서는 '귀뚜라미의 등을 타고 온다'는 전설처럼 처서가 됐다하면 가을의 전령사인 귀뚜라미가 울기 시작 한다. 귀뚜라미 울음소리는 가을 풀벌레 울음소리 중에서 가장 가을과 잘 어울리는 소리이다. 가을밤도 쓸쓸한데 거기에다 밤중에 귀뚜라미 울음소리를 가만히 들으면 마치 애간장을 끊는 듯하다. 그리고 초저녁, 풀벌레들이 한꺼번에 울 때는 런던필하모니 오케스트라 연주가 그보다 아름다울까.

우리 아파트는 풍수지리 적으로도 좋은 곳이라는 말도 있다. 뒤편에는 높이 672미터의 백양산이 있다. 꼭대기 애진봉愛鎭峯은 봄에는 철쭉이 군락을 이루고, 산이 정 남향으로 자리하고 있어 겨울에도 산에만 올라가면 따뜻하여 등산하기에 좋은 곳이다. 또 부산에서 맨 처음 창건되었다고 하는 선암사라는 고찰古刹이 있다. 조선 후기 대 선승大禪僧 경허스님의 뛰어난 제자 만공, 혜월, 수월 세 스님 중에 혜월스님이 계셨던 사찰이다. 전해 오는 전설도 많이 있다. 이런 명당에 자리 잡은 덕분인지 우리 아파트에 사는 주민이 우리 지역 국회의원, 시의원에도 당선이 되었다.

이곳에서 딸 둘과 아들이 자랐다. 큰 딸은 좋은 남편을 만나 잘 살고 있고, 둘째 딸은 2001년 부산 미스 미美에 선발되었으며, 막내아들은 충실하게 직장 생활을 하며, 착한 배우자를 만나 쌍둥이 딸을 낳아 행복하게 살고 있다. 우리 자식들이 잘 커서 별다른 어려움 없이 잘 살아가는 것도 개금 우성아파트 명당의 정기를 받아서가 아닌가 생각한다.

요즘 TV뉴스를 보면 부동산 정책에 대해 말이 많다. 쉽게 말하면 치솟는 아파트 가격을 어떻게 막느냐는 이야기이다. 부산시내에서도 지역에 따라서는 아파트 가격이 생각도 못하게 많이 올랐다. 그런 말을 들을 때마다 무척 이외인 것 같이 들린다. 위치적으로나 풍수적으로 좋은 곳에 위치한 명품 개금우성아파트 가격과 비교해 월등히 높기 때문이다.

사람이 살아가면서 자신이 살던 아파트 가격이 오르면 어떻든 기분이 좋다. 또 그런 것이 자산 증식의 기회이다. 그러나 이 나이에 아파트 가격에 신경 쓰겠나. 명당 터, 명품아파트에서 내 자식들이 잘 되었고 내 몸 편하면 된 거 아닌가? 그것이 부富요 행복幸福이다.

(2020. 10. 20.)

TV는 바보상자

TV를 바보상자라고 말하는 사람이 있다. TV에서 방송하는 프로가 아무런 쓸데없는 내용이라, 보는 자체가 바보라는 이야기이다. 요즘 나도 TV를 보지 않는 편이다. 드라마는 결론이 뻔한데 너무 말로서 꾸밈이 많아 재미가 없고, 연예인들끼리 나와서 떠드는 말들은 저들끼리 하는 농담이라서 전혀 귀담아 들을 내용이 아니다.

특히 뉴스는 속이 뒤틀리는 소리만 하는 것 같다. 언론은 공명정대해야 한다. 국민의 알 권리를 지키고, 사회적 부조리는 매와 같은 눈으로 감시하고, 잘 못은 칼같이 비판해야 하는데 방송은 언론의 본분을 한참 떠난 것 같다. 거기에다 정치권에 장악되어 정권의 입맛에 맞는 방송만 하고 있다,

내가 주로 보는 TV프로는 스포츠다. 스포츠 종목 중 첫째는 배구이다. 중학교 2학년부터 고등학교 까지 배구 선수를 하였기에 배구 경기를 보면 실재감實在感을 느낀다. 내가 직접 서브 리시버를 하고, 힘껏 점프를 하여 스파이크를 하는 기분이다. TV화면에서 스파이크가 멋지게 꽂히면 내 손이 얼얼한 것 같은 착각도 한다.

모든 운동이 옛날에 비해 달라지지 않은 것이 없지만 배구 역시

옛날보다 많이 변하였다. 첫째는 선수들의 키가 많이 커졌다. 옛날 내가 고등학교 다닐 때는 국가 대표 선수들의 키는 185센티가 드물었다. 그런데 지금은 190센티미터를 넘는 선수가 허다하고 2미터가 넘는 선수도 많이 있다. 세계적 선수의 반열에 오른 배구의 신神 김연경선수는 여자임에도 키가 190센티미터이다. 그리고 선수들의 실력도 많이 뛰어 난대다가 스피드 또한 보통 아니다. 거기다가 외국의 선수도 끼어있어 한층 흥미를 더해 준다.

배구종목은 다른 선수를 위해 자기 책임을 완백하게 해야 하는 운동이다. 넘어 오는 서브는 안전하게 받아 공을 올려 줄 선수(셀터)가 스파이크를 할 선수에게 공을 좋게 토스 할 수 있도록 해야 한다. 첫 번째 서브리시브가 잘 못되면 셀터가 공을 잘 올리지 못하고, 셀터가 공을 잘 못 올리면 공격하는 선수가 강한 스파이크를 할 수 없는 것이다. 내 의무에 절대 충실해야 한다.

배구는 공을 두 번 만질 수가 없다. 토스를 한 것이 잘못되었다고 다시 할 수 없다. 단 한번으로 다음 선수가 잘 할 수 있도록 정확하게 연결해야 한다. 또한 배구는 리듬을 너무 잘 타는 경기라 팀원 전원이 한마음이 되어야 한다. 만약 어느 한 선수가 기분이 좋지 않아 있으면 분위기가 나빠지고, 그 결과 선수 간에 연결이 잘 이루어 지지 않아 경기를 망치게 된다. 그러니 좁은 공간 안에서 서로를 격려하고, 파이팅을 외쳐서 기분이 상승되도록 노력한다. 그래서 배구선수 출신들은 단체생활을 잘한다. 사회생활에서도 남에게 배려도 잘하고 봉사도 잘하는 것으로 알고 있다.

그 다음 보는 운동이 축구이다. 특히 손흥민 선수의 축구를 재미있게 본다. 유럽에서 최고의 선수는 메시와 호날두이다. 그러나 손흥민 선수도 그 선수에 못지않은 것 같다. 빠른 드리볼, 정확한 슈팅으로 골을 넣는 것은 과히 세계적 선수이다. 나이어린 우리나라 선수가 뛰어난 실력으로 유럽의 프리미엄 리그에서 활약을 하는 것을 보면 박수를 보낼만하다.

우리나라 선수가 처음으로 외국에 나가서 이름을 떨친 선수는 차범근 선수이다. 차범근 선수는 도르트몬트, 뒤셀돌프, 레버쿠젠 같은 이름난 프로팀이 있는 축구의 나라 독일의 분데스리가에 진출하였다. 맨 처음에 SV다름스타트에 입단을 하여 '차붐'이라는 이름으로 매 경기 빠른 스피드와 부지런한 활약을 펼쳤다. 동양 사람으로는 처음으로 은퇴 시까지 총 372경기에 121골을 기록하였다. 그런데 최근 손흥민 선수가 123골을 기록하면서 새로운 기록을 세웠다.

간혹 2002년 월드컵 축구 경기를 재방송 하는 때가 있다. 그 때의 경기는 지금 보아도 재미가 있다. 4강까지의 경기를 보면 매 경기마다 마치 드라마와 같다. 그냥 공을 차다가 실력으로 골을 넣은 것이 아니라, 경기에서 지다가도 아슬아슬하게 골을 넣어 역전을 하는 것이 한 두 번이 아니라, 볼 때마다 손에 땀을 쥐게 한다. 월드컵 때, 친구들과 모여서 맥주 한잔하며 대~한민국을 외치며 응원하던 생각을 하면 지금도 신이 난다.

다음이 골프이다. 골프하면 머리에 떠오르는 선수가 외국선수로는 골프 황제 타이거 우즈, 국내선수로는 박세리 선수다. 박세리 선수가 1998년 US 오픈에서 우승을 했을 때 참으로 떠들썩했다. 그때는 골프를 하지 않아 골프 룰도 알지 못했다. 그런데도 박세리 선수가 한타 한타를 아슬아슬하게 앞서 가는 것이 스릴이 있고 재미가 있었다. 경기 중 볼이 물가에 떨어져 물에 들어가기 위해 양말을 벗을 때 양말을 신었던 부분이 유난히 하얀 것이 지금도 눈에 선하다. 다행히 그 어려운 곳에서 공을 잘 쳐내어 우승을 하는 것이 참으로 감동적이었다.

더군다나 IMF로 국민 모두가 완전 기가 죽어 있을 때 박세리 선수가 골프라는 종목으로는 처음으로 세계대회에서 우승을 하여 국민 모두에게 기쁨을 주고 용기를 안겨 주었다. 특히나 공무원은 골프를 못하게 하면서 골프가 마치 부정과 연결되는 것 같은 인식을 많이 하던 때라서 더욱 우승이 빛이 났다.

골프는 남자경기보다는 여자경기를 많이 보는 편이다. 남자는 파워 있고 장타를 치는 것이 시원하다, 거기에 비해 여자 경기를 보면 정확하고 섬세하다. 어떻게 먼 거리에서 샷을 하여 그린 위에 있는 깃대 옆에 볼을 딱딱 붙이는지 신기할 지경이다, 경기에 빠져들지 않을 수가 없다. 이런 실력으로 이제 여자 프로선수는 세계를 점령하여 세계 랭킹 10위권 안에 우리나라 여자선수들이 5명 이상이 들어 있다. 세계 각국에 생중계를 하는 골프경기에서 우리나라 여자 골프선수들이 좋은 실력으로 이름을 떨쳐 국위를 선양한다는 생각도 든다.

TV가 바보상자라 해도 TV는 역시 가정에 있어야한 필수 불가결한 가전재품이다. TV를 통하여 뉴스는 물론이요, 많은 상식과 정보를 안방에서 접한다. 그리고 가끔은 바보상자라도 있어야 시간이 덜 무료할 때도 있다.

코로나바이러스-19

난생 처음 만난 괴질이다. 이름은 코로나바이러스감염증-19(COVID-19)이다. 「코로나」라는 말은 라틴어로 '왕관'을 뜻하는데, 바이러스의 겉에 돌출된 모양이 마치 왕관의 뿔과 같아서 붙여진 것이다. 처음 방송에는 '우한폐렴'이라고 했다. 2019년12월 중국 후베이성 우한시武漢市에서 발생하여, 증상이 폐렴을 일으켰기 때문이다.

이 코로나-19의 발생에 대해서는 말들이 많다. 중국의 우한에 있는 생물학연구소에서 실수로 유출되었다는 것과 바이러스의 유출이 정치적인 의도에 의한 것이라는 등 여러가지 설들이 있다. 어떻든 이 바이러스가 자연적으로 발생한 것이 아니라는 사실은 명확한 것 같다. 코로나-19는 전염성이 강하고, 전염이 되면 폐렴으로 사망하게 되는데, 발생지인 우한시에서는 외부에 알려진 것 보다는 더 많은 사람이 사망한 것 같다.

세계보건기구(WTO)에서는 3월11일에야 펜데믹(세계적대유행)을 발표했다. 그러나 펜데믹 발표 전에 이미 우리나라 뿐 아니라 전 세계가 비상에 걸렸다. 첫째 일체의 모임이 중지되었다. 개인적인 모임에서부터 체육대회, 음악회 등 모든 행사가 없어졌다. 도시지역 내에 낮이면 성황을 이루는 콜라텍은 전부 문을 닫았고, 영화관은 문은 닫지 않았지만 사람들의 발길이 끊겼다. 식당 등 업소에도 손님이 엄청 줄어 한산하다.

모든 여행이 중지되었다. 국내여행 뿐 아니라 국외의 여행도 할 수가 없다. 각 나라별로 외국에서 들어오지 못하게 하거나, 들어오더라도 바이러스의 잠복기간인 14일간을 격리시키기 때문에 다른 나라로 가지 못한다. 따라서 여행사는 영업을 못하여 문을 닫게 되었고 항공기마저 뜰 수가 없어 KAL을 비롯한 항공회사는 운항이 줄어들어 큰 타격을 입게 되었다. 뿐만 아니라 우리의 산업기반인 수출도 크게 나빠져서 경제에 큰 타격을 입었다. 금년 상반기 동안 14만개의 사업체가 문을 닫았고, 국내 총생산(G.D.P)도 마이너스 3.3%를 기록하였다고 한다.

코로나-19 발생 초기에는 마스크 대란을 겪었다. 바이러스의 감염을 예방하는 데는 마스크가 필수이다. 전 국민이 착용해야 하는 마스크를 혹시 매점매석 하는 일이 있을까하여 정부에서 배급형식으로 마스크를 구매하도록 했다. 생년월일에 맞춰 요일별로 구매날짜를 정하여 2매를 구매하는 것이다. 어떤 약국에는 아침에, 어떤 약국에는 점심시간에 마스크를 사려는 사람들이 주민등록증을 들고 줄을 길게 서 있는 진풍경이 펼쳐진다. 그리고 이제는 모든 사람들이 마스크를 쓰고 다닌다. 이때까지 보지 못한 새로운 풍경이다. 간혹 감기가 들면 마스크를 쓰기는 했다. 그러나 지금까지 살면서 마스크를 착용하고 다닌 날이 며칠이나 되겠는가. 이렇게 마스크가 중요한 것인지 느껴 본 것이 처음이다.

인명피해도 대단하다. 2020년7월20일 현재까지 전 세계 확진자

1,436만5천명, 사망자 60만3천명으로 국가별로 보면 미국 확진자 376만2천명, 사망자 14만명, 그 다음으로 브라질 확진자 209만8천명, 사망자 7만9천명으로 무서운 숫자이다. 다행히 우리나라는 의료체계가 잘 되어있고 방역에 집중하여 확진자 13,771명, 사망자 296명이다.

역사적으로 옛날에도 전염병이 크게 발생한 때가 있었다. 조선시대의 기록을 보면 이때는 역병, 또는 괴질이라고 불렀는데 1799년(기미년)에는 전국에 20만명이 사망하였고, 1821년(신사년, 순종21년)에는 평안도에서 5만명, 서울 성중 오부에서는 13만명이 사망하였다는 기록이 남아있다. 그 후에도 몇차례 전염병이 온 나라를 휩쓸어 1858년에는 무려 50만명이 사망하고, 1886년, 1895년에도 수 만명이 사망하였다고 한다.

조선시대에 역병 또는 괴질이라고 부른 전염병은 우리가 부르는 호열자이다. 호열자虎列刺는 일본에서 콜레라를 음역 한 것인데 실제 음역은 호열랄虎列剌이다. 호랑이가 발톱으로 생살을 찢는 것 같고, 몸이 어그러지는 것 같이 고통스럽다는 의미를 가진 말이다. 이 말이 조선에 전해지면서 어그러질 랄剌을 찌를 자刺로 잘못 읽어 호열자虎列刺로 불리게 되었다고 한다.

과학과 의술이 엄청 발전하였지만 작은 바이러스가 이렇게 무서운 것인 줄은 이번에 절실하게 인식했다. 사람들의 사고와 행동을 바꾸어 놓고, 세계의 경제나 질서를 뒤흔들고, 전쟁도 중지시키는 무서운 힘을 가졌다. 어쩌면 가장 위대하다는 인간도 작은 바이러스에 의해 멸망 할 수도 있으리라. 인간이 더 겸손해져야 한다.

(2020. 7. 20.)

자가격리

자가격리! 코로나-19시대에 새롭게 듣는 말입니다. 흔히 사용하던 말이 아니기도 하고 또, 국외國外에 나갔다가 입국하는 사람들이 잠깐 자기 집에 머무는 일이라, 나와는 상관이 없어 대수롭게 들립니다. 그런데 생각치도 못하게 자가격리를 당했습니다.

11월 23일, 월요일 출근을 하려고 준비하던 중 우리 직원 H한테서 전화가 왔습니다. 코로나-19 확진을 받았다는 것입니다. 어떻게 이렇게 이른 아침에 코로나 확진인가 했더니 지난 20일, 금요일 휴가를 내고 장구시험을 보러 갔었답니다. 일요일 목이 까칠하여 보건소에 자진해 가서 검사를 했더니 코로나-19에 감염된 것을 확인하였답니다.

동시에 부산진보건소에서 전화가 왔습니다, 전 직원 모두 보건소로 와 검진을 받으라는 겁니다. 검진을 받고나니 차가 있는 사람은 자기 차로 사무실까지 이동하고, 차가 없는 사람은 보건소 차로 사무실까지 데려다 준답니다. 당장 코로나 보균자 취급을 받기 시작한 것입니다. 사무실에 일을 정리하고 빨리 퇴근을 하라고 하면서, 집으로 갈 때는 대중교통을 이용하지 말고 자가용을 이용하라고 합니다.

갑자기 자가격리 대상자가 되다 보니 어리둥절한 기분으로 직원들을 차에 태워 각자 집으로 데려다 주고 집으로 와 있으니 부산진구청에서 전화가 왔습니다. 휴대폰에 자가격리 어플을 설치하라는 겁니다. 휴대폰으로 집에 잘 있는지, 혹시 집을 이탈하는 일은 없는지 감시를 하는 겁니다. 조금 있으니 구청 직원이 햇반과 미역국 등 반찬이 들어있는 박스를 현관 문 앞에 두고 갑니다. 방안에서 나오지 말고, 나오더라도 가족과 마주치지 말고 지내라고 당부를 합니다.

하룻밤이 지나고 이튿날 아침, 휴대폰으로 어제 검진 결과가 음성陰性이라는 통보가 왔습니다. 사실 나는 직접 직원과 대면한 사실도 없고, 또 직원은 3일 전 장구 시험장에서 감염이 되었는데 같은 사무실 직원이라는 이유로 음성이라는 결과가 나왔는데도 격리되어 지낸다는 것이 이해가 되지 않아 마음이 더욱 답답했습니다.

하루 이틀은 잘 지냈으나 집안에 갇혀 있는지가 사흘이 되자 몸이 쑤시고 가슴이 답답하기 시작했습니다. 오랜만에 휴가라고 생각하고 책이라도 읽으면서 지내면 되겠지 하고 생각을 했지만 맘대로 잘 되지 않습니다. 오전 9시와 오후 3시에는 휴대폰으로 자가 검진을 하여 부산진구청에 보냅니다. 늦으면 문자가 오고, 삑~하는 소리가 길게 났습니다. 집에 있으면서도 꼭 누가 옆에서 감시를 하는 것 같았습니다.

자가격리 기간은 11월 23일부터 12월 3일 12시까지입니다. 이럭저럭 시간이 흘러 해제일 하루 앞인 2일, 보건소에 가서 검진을 받았습니다. 9시 조금 넘어 도착하니 30여명이 줄을 서 있었습니다.

지난 23일 아침에는 우리 직원들 밖에 없었는데 오늘 검진을 받으려는 사람이 이렇게 많은 것은 그만큼 코로나가 심하게 퍼져 있다는 말이겠지요. 검진을 받고 올 때도 계속 30여명이 줄을 서서 대기하고 있었습니다.

오늘은 격리가 해제되는 날입니다. 오전 9시경 어제 받은 검진결과가 음성陰性이라고 휴대폰으로 연락이 왔습니다. 해제 시간이 지나고 오후 2시가 되어 사무실에 나왔습니다, 제일 먼저 느껴지는 것은 숨 쉬는 것이 무척 편하고 또 시원하기도 하였습니다. 이것이 자유인가 봅니다.

옆에서 아무런 간섭도 없는 생활이지만 자가격리라는 것이 법적 조치에 의해 집에 가두는 것이고, 심지어 가족과도 거리를 두면서 지내야 한다는 것이 스스로를 압박했습니다. 그리고 나는 코로나-19에 전염되지 않았을 것이라고 확신하면서도 전염병이 의심되는 사람이라고 지정 받은 것이 마음을 무겁게 했던 것입니다. 그런 부담을 깨끗이 털어 버리고 집 밖으로 나오니 몸이 가벼워지는 것은 물론이거니와 마음까지 가벼워져서 숨 쉬는 것이 이렇게 시원할 수가 없습니다.

우리가 산소를 몇 분만 흡입하지 못하면 사망 합니다. 그런데 우리는 산소의 소중함을 느끼지 못합니다. 자유 역시 마찬가지입니다. 죄를 짓지 않는 이상 구속받지 않고 자유로이 살아갑니다. 그래서 자유의 소중함을 느끼지 못합니다. 그런데 이번 열흘간의 자가격리를 통해 자유가 얼마나 소중한 것인지를 절실히 깨달았습니다.

새삼 느낀 자유처럼 내 삶속에서 느끼지 못한 채 살아가고 있는 소중한 것들을 되짚어 보면서 감사하며 살아가야겠습니다.

제2장

어떤 사람에게 운이 오는가

어떤 사람에게 운이 오는가

6월의 초목은 푸른색이 너무 짙어 검푸르다. 연둣빛 새싹이 피기 시작한 것이 엊그제 같은데 벌써 한 해의 절반으로 접어들었다. 한낮의 길이도 매우 길다. 오후 7시 반 인데도 해가 지지 않아 훤하다. 긴 하루도 하지가 지나면 차츰 짧아지고, 처서가 지나면 귀뚜라미가 우는 가을, 동지를 맞으면 금년 한 해도 지나간다. 이렇게 한 치의 오차도 없이 계절이 바뀌고 세월이 가는 것이 우주의 법칙이다.

우주의 법칙은 심오하고 위대하며 너무나 정확하다. 이 세상 만물을 창조하고 생물이나 무생물이나 우주의 질서에 따라 조화를 이루며 유지시킨다. 불교에서는 우주의 법칙이 만법의 진리라고 하여 법신불法身佛이라고 하며, 어떤 사람들은 오묘하고 신기한 우주의 법칙을 신神이라고 부르기도 한다.

우주 속에서 사람은 너무나 작은 존재이다. 그러나 작은 존재가 홀로 있는 것이 아니라 우주 속의 온갖 것들과 연결되어 살아가고 있다. 비록 작은 육체, 하루의 삶이 별 것 아닌 것 같아도 이 넓은 우주 속에 하나의 구성체이다. 우주 속에 있는 작은 개체는 하나라도 우주의 법칙에 벗어나면 지구의 멸망과 함께 내 자신도 존재하지 못한다. 비록 작은 존재이나 우주의 법칙 속에서 생존하는 위대한 존재이다.

우주의 법칙 속에 생존하는 사람은 누구나 행복하기를 희망한다. 그리고 그 행복의 기준도 모두 다르다. 그러나 보편적인 것이 돈과 명예이다. 돈이 많아 부자로 사는 것과 사회적으로 높은 지위에 올라 많은 사람들로부터 존경을 받는 것이다. 그런데 그게 참 어렵다. 노력을 해 보지만 돈이 남의 손에만 들어있고, 나는 언제나 빈손이다. 높은 지위를 얻으려고 선거에 나서 보지만 재산만 축내고 명예는 먼 곳에 있다.

세상을 살다 보면 운도 좀 있어야 할 것 같다. 어떤 사람은 하는 일마다 잘 풀려 힘도 들이지 않고 돈도 많이 버는데, 어떤 사람은 하는 일마다 꼬이고 매듭이 져서 실패만 거듭한다. 실패한 사람이 노력은 훨씬 많이 하고 고통도 더 많이 받는다. 이런 경우에 운을 말하지 않을 수가 없다. 운이 있어야 한다. 누가 운이 없기를 바라겠는가. 그런데 하늘도 무심하게 운은 사람을 구별하는 것 같다.

그러면 어떤 사람에게 운이 오는가. 바로 우주의 법칙대로 사는 사람이다. 사람에게 우주의 법칙이란 평상시 자신에게 주어진 평범한 일상이다. 평범한 일상이란 가정이나 직장에서 자신에게 주어진 삶의 길을 충실하게 살아가는 것이다. 충실하게 산다는 것은 자신의 신분을 벗어 난 엉뚱한 일을 하지 않고 사는 것이다. 엉뚱한 일을 한다는 것이 얼마나 무서운 대가인가. 근래 공직자로 엉뚱한 행동을 하여 자신의 신상에 씻을 수없는 오점을 남긴 충남도지사 안희정, 부산시장 오거돈, 심지어 자살까지 한 서울시장 박원순 세 사람이 좋은 예이다.

사람이 바르게 살기가 쉽지가 않다. 조금만 정신을 팔아도 몸과 마음이(身, 口, 意) 엉뚱한 방향으로 돌아간다. 그러나 불교에서 신도가 지켜야 하는 5계五戒나 기독교의 10계명만 잘 지켜도 바르게 사는 삶이요, 충실한 삶일 것이다. 그리고 이 사람에게 운이 없다는 소리는 없을 것이다.

불교의 5계는 불살생不殺生, 불투도不偷盜, 불사음不邪淫, 불망어不妄語, 불음주不飮酒이다. 우주에 존재하는 모든 생명은 함부로 죽여서는 안된다. 죽은 영혼으로부터 원한이 쌓인다. 결과적으로 복수한다. 내 것이 아닌 것을 부정한 방법으로 가져서는 안된다. 부정한 돈은 들어 올 적에는 소리가 없어도 나갈 때는 복수를 하여 감옥에 간다. 부정한 이성관계를 취하면 안된다. 나를 보호해주는 가장 가까이에 계신 부처님은 아내요, 남편이다. 거짓말을 해서는 안된다. 거짓말은 사람은 속여도 하늘은 속일 수 없어 천벌 받는다. 술을 취하도록 마시면 안된다. 술에 취하면 바른 정신을 가지지 못하여 내게 들어온 운運도 놓친다,

운은 사람에게 나타나는 기적이 아니다. 누구에게든지 오는 우주의 기운이다. 생활(業)하는 형태에 따라 오는 운이 다르고, 운이 올 때 준비가 되어 있지 않아 운을 잡지 못하는 경우가 있을 뿐이다, 갑자기 100미터 달리기를 하는데 운동화가 준비되어 있지 않으면 잘 달릴 수가 없는 것과 같다. 충실한 삶과 함께 실력을 갖추고 있으면 우주의 기운은 남모르게 오는 도적과 같이 찾아오는 것이다.

인생살이 쉽지 않다. 흔히 정답이 없다는 말도 한다. 한평생을 살면서 보면 힘든 세상살이에 조금은 수월하게 사는 것처럼 생각되는 것이 운이다. 그것이 요행하고는 다른 것이다. 바르게 살아야한다. 그래야 운이 온다. (2021.6.7.)

三池, 이소영 회장

불교의 경전 중『금강경』이 있다. 서양에서는『금강경』을『다이아몬드 수트라』(The Diamond Sutra, 에드와드콘체 번역)라고 한다. 한자의 금강金剛은 아주 강한 쇠를 말한다. 그리고 쇠보다 강한 것은 다이아몬드이다. 다이아몬드는 광석 중 제일 단단하며 귀한 물질이다. 귀하면 당연히 가치가 있고 값이 비싸다.

금강경은 우리나라 불교 조계종에서 경전 중에 근본으로 삼는 소의경전所依經典이기도 한데, 부처님 경전의 제목을 귀하고 가장 단단한 다이아몬드로 정했으니, 그 내용이 얼마나 귀중한 말씀인가를 짐작 할 수 있다.

금강경을 읽어보면 그 뜻을 이해하기가 상당히 난해하며, 금강경에는 사구게四句偈라는 시詩적인 좋은 구절도 있지만, 나에게 충격을 준 구절이 있다. 대승정종분 제3의 구절이다.

我增令入無餘涅槃而滅度之
(아계영입무여열반이멸도지)
내가 다 남김없이 온전한 열반으로 들게 멸도하리라" (…중략…)

實無衆生得滅度者

(실무중생득멸도자)

수많은 중생을 내가 멸도 한다 하였으나, 실로 멸도를 얻은 중생은 아무도 없다.

何以故, 若菩薩有娥相人相衆生相壽者相, 卽非菩薩

(하이고, 약보살유아상인상중생상수자상, 즉비보살)

왜냐하면, 보살이 아상이나 인상이나 중생상이나 수자상이 있으면 곧, 보살이 아니기 때문이다.

여기서 아상, 인상, 중생상, 수자상이라는 뜻은, 나라는 생각, 사람이라는 생각, 살아있다는 생각, 오래 산다는 생각이다. 그런데 이 긴 말이 쉬운 듯 하면서도 어려워 한참을 생각하다가 간단하게 '내가 난데라고 하는 교만심'으로 줄이니 쉽게 이해가 되었다.

석가모니 부처님께서 많은 사람을 가르쳤으나 멸도를 얻은 사람이 아무도 없었다라고 한다. 부처님의 가르침을 받고도 깨달음을 얻은 사람이 아무도 없다? 충격적인 사실이다. 이유를 살펴보니 모든 보살이 '내가난데'라고 하는 교만심을 갖고 있기 때문이었다는 것이다. 내가 잘났다고 하는 교만심 때문에 석가모니 부처님께서 설법을 하고 가르쳐도 부처님의 가르침이 귀에 들어오지 않았던 것이다. 그러니 어찌 진리를 깨달을 수 있으며, 멸도에 이를 수가 있겠는가.

교만驕慢은 석가모니 부처님의 가르침도 귀에 들리지 않는 어리석愚癡은 행위이듯이, 인간관계에서도 가장 큰 독이다. 교만은 다른 사람들에게 믿음을 주지 못하여 다른 사람들로부터 외면을 당한다. 교만은 결국 신뢰를 잃어 인간관계를 소원疏遠하게 만드는 것이다.

교만의 반대는 겸손謙遜이다. 겸손은 첫째 자기를 내세우지 않는다. 사람이 잘나도 잘난 체하면 남들이 싫어한다. 둘째 상대를 존중한다. 사람은 자신을 인정 해 주고 받들어 주면 싫어 할 사람이 없다. 가식이 있어서는 안된다. 진실해야 한다. 이렇게 자신을 낮추고 항상 상대를 존중하면 상대가 신뢰한다. 결국 겸손은 모든 사람이 다 받아드릴 수 있는 미덕이다.

나에게는 겸손의 미덕을 잘 갖추고 있는 자랑스러운 친구가 있다. 건설업을 경영하는 이소영李昭永회장이다. 그는 나와 고추 친구이다. 남해 시골에서 태어나 초동草童으로 같이 자라서 칠십이 넘는 지금까지도 친한 친구이다. 그 친구는 항상 남의 의견을 먼저 들어 보고, 자신의 의견과 다르더라도 상대를 무시하거나 자신의 생각을 끝까지 고집하지 않는다. 항상 상대를 존중하고 자신을 낮추는 말과 행동을 하는 사람이다.

오랜 세월을 지내 오면서 아무리 봐도 그에게는 '나라고 하는 교만심'은 찾아 볼 수 없다. 반대로 오로지 겸손이 몸에 베인 사람이다. 그의 겸손이 그의 사업에도 많은 영향을 주었다고 생각된다. 어찌 보면 그의 사업 기본이 겸손이 아닌가 싶다.

그는 1992년 6월 삼지건설(주)를 설립하였다. 사훈은 "장인 정신"이다. 의뢰를 받아 실시하는 공사가 하자가 발생하지 않도록 기술을 익히고, 성실히 일하는 장인정신을 가지도록 사훈을 정한 것이다. 작은 회사지만 직원들과 일치단결하여 열심히 회사를 운영하였다. 거래처도 늘어 가고, 수입금액도 늘어 갔다.

호사다마라는 말이 있다. 회사가 순조롭게 발전해 가던 중 생각지도 못한 일이 발생했다. 1995년 국내에서 『삼익아파트』로 이름이 나있는 삼익三益건설회사가 부도가 난 것이다. 삼익건설은 부산은 물론이요 서울을 비롯한 전국에서 삼익아파트로 이름이 난 회사인데 부도가 날거라고는 꿈에도 생각 못한 것이었다. 그때는 어음거래도 많은 때이다. 공사가 끝나 공사대금조로 삼익건설로부터 받은 어음이 종이조각이 되었다. 무려 금액이 10억여 원이다. 그 당시의 화폐가치로 엄청나게 큰 금액이다.

그 뿐만 아니었다. 1997년 IMF가 터졌다. 공사를 맡아 하던 거래처 여러 곳에서 부도가 발생하였다. 공사비를 받을 수가 없다. 엎친데 덮친 격으로 보증을 섰던 친구의 회사도 부도가 난 것이다. 자신의 회사에서 공사대금을 받지 못한 어려움도 큰데다가 친구회사의 거래처에서 압류가 들어오니 손발을 완전히 묶는 형국이었다. 회사는 실로 존폐의 위기에 몰렸다. 친구는 실의에 빠져 모든 걸 포기하려는 생각에 이르기도 했다.

그러나 이 어려운 가운데서도 희망이 있었다. 직원들이 들고 일어났다. 평소 회사를 위해 직원들 보다 더 열심히 일하는 사장님, 직원을 가족처럼 아끼는 사장님을 생각 한 직원들이 어떤 일이 있어도 회사를 살려 보자고 결의를 한 것이다. 직원들은 봉급도 반납하겠다는 것이었다.

이를 본 내 친구는 한 달, 한 달을 월급으로 살아가는 직원들이 회사를 살리기 위해 월급도 받지 않고 일하겠다는 말에 용기를 얻었다. 직원들의 월급은 꼭 챙겨 주겠다고 다짐하며 일어서 뛰기 시작했다.

그러자 친구의 주위에서도 도움이 들어오기 시작했다. S회사의 M사장은 자신의 집을 담보하고 대출받아 1억원을 그냥 쓰라고 주었다. 지인인 K이사도 자신이 써야 할 4억을 먼저 쓰라며 서슴없이 주는 것이었다. 부도를 당해 어려운 회사에는 형제간이라도 돈을 빌려 주지 않는 법이다. 이 상황에서 피도 섞이지 않은 사람이 도와준다는 것은 상식 밖의 일이다. 이 외도 여러 사람들의 도움이 있었고, 심지어 급할 때는 회사 직원들도 1-2백만원을 자진해서 보태기도 했었다.

지인들의 서슴없는 도움과, 회사를 살려 보자고 하는 직원들의 굳은 결심과 피나는 노력이 결실을 맺기 시작했다. 직원들이 성실하게 일을 하니 공사의 수주도 쉽게 이루어지고, 또 맡은 공사는 전 임직원이 혼연일체가 되어 '장인정신'을 발휘하여 완벽하게 완공을 함으로써 주위로부터 성실한 회사로 평판을 얻게 되었다. 그러자 더 많은 공사를 수주하게 되어 드디어 회사는 부도로부터 탈출하는데 성공하였다. 그후 성장을 거듭한 결과, 기술력이 뛰어난 부산에서 제일의 건설업체로 자리매김 하게 되었다. 생각해 보면 다급한 상황에서 빠른 기간 안에 재기에 성공할 수 있었던 것과 부산지역에서 손꼽히는 건설회사가 된 것은 이회장의 평소 겸손한 자세와 장인 정신으로 쌓은 신뢰가 큰 힘이 되었던 것이다.

내 친구는 1998년 10월에 회사를 하나 더 설립하였다. 종합건설회사인 에스제이건설(주)이다. 2014년 11월에는 아파트 전문 건설회사인 에스제이개발(주)를 설립했다. 친구 회사의 1년 매출은 천억 원을 초과한다. 직원의 수가 100명이 넘고, 일력日力 노무자 1,600명을 고용해 이끌어 가는 건실한 회사이다.

친구의 회사는 국내의 여러 가지 어려운 여건에도 불구하고, 지금도 14곳의 현장에서 공사를 하고 있으며, 국내 굴지의 회사로부터 공사를 맡아 달라는 부탁이 들어오고 있다. 다른 회사들은 공사 한건을 수주하기가 하늘의 별따기인데, 친구의 회사는 공사를 맡아 달라고 부탁을 받는 실정이다.

수처작주隨處作主, (어디에 있던 주인이 되라.)

입처개진立處皆眞, (내가 서 있는 자리에 진리가 있다.)

내 친구 이회장李會長은 금강경을 모를 것이다. 아상, 인상, 중생상, 수자상이 '나라고 하는 교만심'이라는 것도 모를 것이다. 그러나 친구는 장인정신으로 공사현장에서는 주인이 되었다(隨處作主). '나라고 하는 교만심'이 없이 항상 누구에게나 겸손하였다. 이것이 진리이다. 산속 깊은 곳, 금빛 불상이 휘황한 법당에만 진리가 있는 것이 아니라, 항상 일하는 고된 건설 현장에도 진리가 있는 것이다(立處皆眞). 내 친구는 진리를 몸으로 실천했다.

금강경을 읽을 때면, 그 때마다 내 친구 이소영이 꼭 생각이 난다. 지금도 열정적으로 일하는 모습이 부럽고 자랑스럽다. 지금 모습 같으면 100세까지도 염려 없을 것 같다. 이런 좋은 친구가 평생 곁에 있어 참 좋다.

(2020. 8. 11.)

* 수처작주, 입처개진: 당나라 임제선사의 「임제록」에 나오는 말.

인사! 만복의 근원

인사는 살면서 해야 하는 중요한 일 중의 하나다. 어릴 적 어머니께서는 내가 집 밖으로 나갈 때마다 "동네 어른을 만나면 꼭 인사를 해라. 아는 어른을 보고도 그냥 지나치면 '저놈이 뉘 집 자식인데 참 버릇없다'면서 흉을 본다."고 타이르셨다.

인사, 한자로 사람 인人, 일 사事 '사람이 해야 할 일'이라는 뜻을 지녔다. 결국 사람인 이상 인사는 지켜야 할 기본 중의 기본이라는 말이다. 기본적으로 해야 할 일을 못 하는 사람이 다른 일인들 잘 할 것인가. 막상 다른 일을 잘 한다손 쳐도 가장 기본적 예절인 인사를 하지 않는 사람은 그의 됨됨이에 문제가 있다는 말을 들을 것이다.

아파트에 살면서 엘리베이터를 타보면 유별나게 인사를 잘 하는 학생이 있다. 반대로 자기 아버지와 인사를 하고 얘기를 나누고 있는데도 멀뚱하게 천장만 쳐다보면서 인사를 하지 않고, 또 그 다음 만나도 영 모르는 사람으로 먼 산만 보고 있는 학생도 있다. 그런데, 인사를 잘 하는 학생은 고등학교를 졸업하면 보이지가 않는다. 대개가 서울 쪽 대학으로 진학을 했다. 인사를 잘하는 학생이 역시 공부도 잘 하는 모양이다.

아침에 출근하여 동료 직원에게 큰 소리로 인사를 하는 사람은 인사를 하지 않는 사람에 비하여 훨씬 품격이 있어 보인다. 출근하는 많은 직원들과 인사를 하다 보면 대체로 얼굴이 예쁘게 생긴 여직원이 인사를 잘한다, 다시 말해 인사를 잘 하는 순서가 얼굴 예쁜 순서다. 사실 그럴까 마는 얼굴은 마음의 거울이라, 평소 남에게 밝은 마음으로 인사를 잘 하고, 또 인사를 잘하는 그 성품이 친절한 마음으로 사람들을 대하다 보니 얼굴이 밝아져 아침에 인사를 나눌 때에 예쁜 모습으로 보였던 것이 아닌가싶다.

내가 실제 겪은 일이다. 어느 날 아침 일찍 운동을 하려 헬스장으로 갔다. 먼저 와서 아령을 들고 운동을 하던 젊은이가 나에게 "안녕하세요?"하고 인사를 하였다. 헬스장에서 운동하는 젊은이들이 무거운 기구를 끙끙거리며 들고 운동은 열심히 해도 인사는 안하는 편인데, 아침에 모르는 사람에게 인사를 하기에 기특한 마음이 들었다. 그래서 속으로 "이놈 봐라, 인사를 다 하네?"하는 생각을 하면서 "자네 뭐하나?"하고 물으니 "시험 준비 합니다"라고 대답했다. 여기까지 하고 말려다가 나도 시험 준비를 하면서 고생을 해 본 사람이라, 그 사람이 안타까운 마음이 들어 "무슨 시험?"하고 물으니 경찰관 시험이라 했다. 한걸음 더 나아가 "공부는 어떻게 하나?" "예, 열심히 합니다." "자네 열심히 하면 떨어진다." 이 말을 들은 그 청년은 깜짝 놀라는 표정으로 나를 쳐다봤다.

여기서 끝나면 오해도 있을 것 같은 생각이 들어, 그 청년을 휴게실로 데려가 열심히 하면 떨어진다고 말 한 것에 대하여 설명을 했다. 사람의 노력이 1부터 100까지 있다고 가정하면, 100을 하면 죽는다. 그런데 보통 사람들이 80정도 노력하면 열심히 한다고 말한다. 노력 81부터 99까지는 '열심히'가 아니라 '죽도록'이라고 말해야 한다. 죽도록 노력할 때 81이 합격을 하겠느냐 99가 합격을 하겠느냐고 물었더니, 그 청년은 "99가 합격을 합니다." 라고 대답을 하였다. "자네, 내가 열심히 하면 떨어진다고 말한 뜻을 알겠나?" "예. 잘 알겠습니다." 그 뒷날부터 헬스장에 그 청년의 모습은 보이지가 않았다.

약간의 시일이 지난 어느 날, 헬스장에 들어서니 웬 청년이 내게 뛰어 와 인사를 하였다. 얼마 전에 내게 인사한 그 청년이다. "어르신, 저 일차시험 합격했습니다. 어르신처럼 그렇게 말해주는 사람 어르신 밖에 없었습니다. 2차는 0월 0일에 합니다." 그 소리를 듣고 감개가 무량했다. 어느 날 인사를 잘하는 청년에게 지나가는 말을 하듯 했는데, 그 청년이 그 말을 그렇게 깊이 새기고 있다가 합격을 했다고 내 손을 잡고 감사를 표하다니 내가 감동을 했다. "자네, 2차는 걱정 말게. 결과는 보나마나 합격을 하였네." 인사도 잘 했지만 충고를 가슴 깊이 받아들일 줄 아는 그 청년이 훌륭한 청년이라는 생각이 들었다. 남의 충고를 들을 수 있는 것도 인사를 잘 하는 좋은 심성 때문이리라.

그런 후 또 얼마 뒤에 목욕탕에서 그 청년을 만났다. "어르신, 제가 연지 파출소에 발령 받았습니다." 내 얼굴을 잊지 않고, 자신의 합격 사실을 알려주는 그 청년의 얼굴엔 그날 내가 해준 조언에 진심으로 감사하는 표정이 완연했다. 인사성이 밝은 그 청년은 공직생활에도 충실하리라 생각된다.

인사! 사람이 해야 할 기본적 예절이요, 만복의 근원임이 분명하다.

미스터 트롯

요즘 TV에서 가장 인기 있는 프로는 미스터트롯인 것 같다. 미스터트롯은 C방송국에서 실시한 남자들 노래자랑이다. 미스터트롯에 앞서 여자들 노래자랑인 미스트롯이 있었다. 그 미스트롯에서 송가인이라는 무명가수가 현역 가수 등 쟁쟁한 실력자들을 물리치고 1등을 했다. 1위를 했으니 노래는 물론 잘 하지만, TV에서 워낙 띄어서 일약 스타가 되고 돈방석에 앉게 되었다. 그간 무명가수로 어렵게 생활하던 사람이 갑자기 1년 수입이 100억이라니 노래자랑 1등의 위력이 어느 정도인지 알 수 있다.

미스터트롯에는 당초 지원자가 15,000명쯤 되었던 것 같다. 송가인을 보더라도 노래를 잘하는 사람이라면 누구든 도전해 보고픈 욕심이 생길 것이다. 그리고 TV에 자신의 멋진 모습을 보여주고 싶을 것이다. 연예인, 특히나 가수가 TV에 얼굴이 한번 나와 보는 것은 꿈이다. 수십 년 동안 가수를 해도 TV에 출연 한번 못해 본 가수가 엄청 많다. 그러니 미스터트롯의 지원자가 많은 것은 당연하다.

그 많은 지원자 속에서 치열한 경쟁을 뚫고 최후로 일곱명이 뽑혔다. 1위에 임영웅, 그 사람 작년 여름만 해도 해운대 백사장에서 혼자서 버스킹을 했다. 실력이 있어도 소위 인기가수 반열에 들기가 그렇게 어려운 것이다. 그런데 이번 미스터 트롯 1위가 되는 바람에 단번에 최고의 인기 가수가 되었다. 이번 미스터 트롯이 그 사람에게는 천우天佑의 기회였던 것이다. 임영웅 외 이찬원, 영탁, 김호중, 정동원, 장민호, 김희재 등 여섯명도 단번에 인기 가수의 반열에 오르게 되었다.

최종 선발된 일곱 중에 정동원군은 14세의 어린 나이지만 트롯은 천재적인 실력을 가졌다. 노래 실력에 못지않게 색스폰 연주까지 잘 하니 많은 사람들, 특히나 전국의 어머니, 할머니들로 부터 인기가 대단하다. 그가 살고 있는 하동군에서는 정동원군을 홍보대사에 임명하고, 그의 집 둘레를 멋지게 꾸미고, 집 주위의 도로를 '정동원 길'로 명명하기도 했다. 연일 많은 사람들이 찾는 덕분에 정동원군 집은 하동군의 명소가 되고 하동군 또한 더욱 이름을 알리게 되었다.

선발된 가수들은 모두가 뛰어난 외모에다 노래를 잘 부르는 건 말 할 것 없고, 더 신기한 것은 모르는 노래가 없는 것 같다. 일곱명이 전국에서 전화로 노래 신청을 받는 '사랑의 콜센타'라는 TV 프로에서 시청자가 신청하는 노래는 한 곡도 빠짐없이 다 부르는 것이다. 시청자와 미리 약속을 하는 것도 아닌데 신청곡을 받으면 못하는 노래 없이 다 부르는 것은 그 만큼 노력을 많이 했다는 것을 짐작 해 알 수 있다.

미스터 트롯에서 등수에 들어 단박에 인기가수 반열에 오르고, 부를 거머쥐게 되는 것은 그들에게는 행운이다. 그러나 그 행운이 그냥 찾아오는 것이 아니다. 많은 어려움을 견뎌내고 피나는 노력을 했기 때문에 이루어 진 것이다. 들어 주고 처다 봐 주는 사람 없어도 혼자서 버스킹을 하고, 노래를 부를 수 있는 곳이 있으면 불러 주지 않아도 찾아가서 노래를 하고, 혼자서 열심히 노력한 결과 맺어진 열매일 것이다. 이와 같이, 행운幸運은 누구에게나, 어떤 일에나 노력하는 자에게 찾아오는 보상補償이다.

그런데 미스터트롯에 출전한 많은 가수들 가운데 60년대부터 한국의 가요계를 뒤흔든 남진, 나훈아와 같은 걸출한 가수는 없는 것 같다. 남진, 나훈아는 동시대에 가수가 되어 50년의 세월 동안 변함없이 주옥같은 노래로 인기를 유지하는 국민가수이다. 이 두 가수를 뛰어 넘는 새로운 인물이 없다는 것이 조금 아쉽기도 하다. 그러나 일곱명 가수들의 전국 투어 콘스터 입장 티켓 예매가 몇 십분 만에 종료되었다 하니 그 인기를 가늠해 볼 만하다. 그들이 한국 가요계에 새로운 바람을 일으키기를 기대해 본다.

(2020. 8. 25)

견물생심見物生心

견물생심!

좋은 물건이 보이면 갖고 싶은 마음이 생긴다. 사람의 본심이다. 여자들은 주방그릇 상점을 지나다가 예쁜 찻잔이 눈에 띄면 갖고 싶어 한다. 여행을 가서도 그 곳의 특산품을 보면 갖고 싶다. 이렇듯 작은 것이라도 마음에 드는 물건이 막상 눈앞에 보이면 눈을 돌리기가 쉽지 않다. 작은 물건에도 욕심이 생기는데 큰 재산이나 돈에 욕심이 생기지 않을 수 없다.

오랜 경험에서 보면 상속세 신고를 하는 사람들 열 명 중 여덟 명은 형제간에 다투거나 마음을 상하는 것을 볼 수가 있다. 상속재산 때문이다. 상속세는 사망한 분이 배우자가 있는 경우라면 상속재산이 공시지가로 10억 원 이상이면 신고를 한다. 그런데 10억 원이 넘는 재산이 상속자들에게 똑 같이 나누어지지는 않는다. 재산의 종류에 따라서 꼭 같이 나눌 수 없는 경우도 있고, 돌아가신 분이 자식의 선호에 따라 차이가 발생 한다. 이런 경우가 되면 지금까지 우애가 좋게 잘 살아오다가도 갑자기 마음이 바뀌어 재산을 적게 받은 사람이 불만을 가지게 되고, 형제간이나 심지어 부모와 자식 간에도 재산을 놓고 다투게 되는 일이 생긴다.

옛날에 있었던 일이다. 부산시 남구 감만동에 거주하는 아는 사람이 내게 찾아 와 자신 소유의 밭을 팔 것인데 양도소득세가 얼마나 나오나 물어서 양도소득세 계산을 하여 금액을 알려 주었다. 며칠이 지나 그분이 또 나에게 찾아 왔다. 그런데 얼굴에 길게 손톱자국 있었다. 연유를 물으니 차를 한잔 하면서 이야기를 하는 것이었다.

그 분은 아버지로부터 물러 받아 본인의 명의로 되어있는 밭이 있었는데 여동생 3명이 그 밭을 팔아서 돈을 나누자고 졸랐다는 것이다. 할 수없이 여동생들의 뜻에 따라 밭을 팔고, 그 돈을 분배하는 과정에서 여동생 3명과 본인, 그리고 본인이 모시고 있는 모친, 이렇게 5명으로 나누자고 했더니 동생들이 어머니 몫을 왜 넣느냐고 하면서 시비가 붙어 동생이 손톱으로 얼굴을 할퀴었다는 것이었다.

그 분은 그 얘기를 하면서 지금까지 자신이 어머니를 모시고 사는 동안 딸들이 어머니를 뵈러 올 때면 어머니에게 용돈도 몇 푼 드리고, 가끔 옷도 사 오는 것을 크게 생각 하면서, 딸들은 자신에게 이렇게 잘 하는데, 그 분의 부인인 며느리는 잘 하는 것이 하나도 없는 것으로 생각했던 어머니였다는 것이다. 그런데 이번에 돈을 분배하면서 어머니 몫을 계산하자는 오빠의 얼굴을 할퀴는 딸을 보고는 마음이 완전히 바뀌었다고 했다. 간혹 찾아오는 딸보다는 함께 사는 며느리가 자신에게 훨씬 잘했구나 하고 깨달았다는 것이다. 역시 부모를 직접 모시고 사는 자식과 며느리가 효자이다.

그런 일이 있은 며칠 뒤, 초파일이어서 어머니를 모시고 범어사에 갔는데 마침 그 곳에 와 있던 여동생들이 어머니를 보고 인사를 하자, 어머니가 고개를 돌려 인사도 받지 않았다고 했다.

상속으로 받은 재산이 수 억원이 되는데도 부친이 경영하던 건설회사가 동생 몫으로 넘어가자 세무서에 투서를 넣는 형님도 있고 재산이 적게 넘어 왔다고 수 억원을 상속받은 60대 삼촌이 30대 조카를 상대로 소송을 하는 경우도 있다. 뿐만 아니라 국내에 굴지의 재벌 가문에서도 재산문제로 형제간에 다툼, 심지어 모자간에 소송도 있었다. 견물생심, 재물이 앞에 있으면 내 마음이 어떻게 변할지 알 수가 없다.

욕심을 버려라! 어느 종교에서든 하는 말이다. 불교에서는 고통을 일으키는 원인이 되는 세 가지 나쁜 마음(三惡) 탐貪, 진瞋, 치癡 가운데 첫째가 욕심이라 하고, 기독교에서는 '욕심이 잉태한 즉 죄를 낳고, 죄가 커서 사망을 낳는다'라고 한다. 이렇게 욕심을 경계하였다. 또 살아가면서 스스로도 욕심 없이 살자고 다짐하는 사람들도 많이 있다. 그러나 견물생심! 재물을 눈앞에 두고 욕심을 버리기는 우리가 인간인 이상 쉬운 일은 아니다.

일본의 변호사 『니시카와 스토무』가 쓴 "운을 읽는 변호사"라는 책을 보면, 오랜 변호사 경험에서 운을 나쁘게 만들어 가는 사람 중에 상속재산을 탐내어 다툰 사람은 훗날 꼭 나쁜 일을 겪는 것을 보았다는 구절이 있다. 이 책을 사 두고 상속세 신고를 하러 오는 사람에게 한 권씩 선물로 드린다.

재산을 얼마나 많이 가져야만 만족하고 행복 할까.

수분지족守分知足! 가진 것에 만족하고 분수를 지키며 사는 것이 부자요, 행복이다.

(2020. 7. 27)

간월암과 봉사의 인연

정말 우연한 일이었다. 아니, 우연이라기보다는 인연이라고 말해야 하는 것이 옳을 것이다. 평소에는 신문의 중요 기사만 읽고 마는데, 그날은 아무 생각 없이 페이지 끝자락에 조그맣게 난 광고를 보게 되었다. 내용은 어느 단체에서 충남 서산의 간월암으로 사찰순례를 간다는 내용이었다. 눈이 번쩍 뜨였다. 간월암을 언제 가보나 하고 속으로만 생각하고 있던 참이 아니던가. 그 행사에 합류하기로 단단히 마음을 먹었다.

간월암을 꼭 가봐야겠다고 마음다짐을 하게 된 것은 최인호 작가의 <길없는 길>이라는 소설을 읽고서이다. 소설은 경허스님의 이야기를 제재로 하면서 새로운 주인공을 내세워 엮어가는 것인데, 1996년에 읽은 책 중 가장 깊이 빠진 소설이 아닌가 생각이 된다. 소설의 내용 중 달 밝은 간월암에서 주인공 강교수와 법명스님이 나눈 대화가 진한 감동을 주었다. 그래서 소설을 읽고 난 후에도 간월암이 가슴에 깊이 남아있게 되었다.

광고에는 간월암으로 가는 버스가 동래 지하철역 앞에 정차한다고 되어 있었다. 행여 놓칠세라, 나는 일찌감치 도착해 설레는 마음으로 버스를 기다렸다. 사찰 순례를 하는 버스에 오르기는 난생 처음이었다. 게다가, 타고 있는 사람들은 모두가 여자들이었다. 자연스럽게 승객들의 시선이 모두 청일점인 내게 집중되고, 나는 괜스레 얼굴이 뜨거웠다.

버스가 출발하자 회장님이라는 보살님 한 분이 일어서서 인사를 하였다. 그날 사찰순례 일행 중에 「만불선행회」라는 모임이 있는데 여러 가지 사회 봉사활동을 하고, 정기적으로 교도소 재소자 교화행사도 하여 법무부장관의 표창장까지 받게 되었다고 했다. 순간 감동을 느꼈다. 그 무렵, 나 자신도 작은 힘이나마 남을 위한 봉사를 하고 싶다는 생각을 하고 있었던 터였다. 그것이 「만불선행회」에 회원이 된 동기요, 인연이었다.

2000년 6월경 갑자기 지선스님, 박복련 고문, 조영순 부회장, 그리고 몇몇 회원들이 사무실로 나를 찾아왔다. 「만불선행회」 회장을 맡아 달라는 것이었다. 한사코 사양을 하다가 좋은 일을 하는 모임의 회장을 맡아 달라고 하는데 끝까지 거부한다는 것이 옳은 일이 아니라는 생각이 들어 허락을 하고 말았다.

「만불선행회」 회원들은 매월 작은 금액의 회비를 모아 수시로 정성껏 봉사를 했다. <보리수동산>을 방문했을 때는 부모에게서 버려진 어린애들의 천진한 얼굴에 눈물 흘리는 회원도 있었고, 전남 화성에 있는 해인사를 방문했을 때는 동자승들의 선한 모습에 가슴이 짠해 하기도 했다. 스님의 옷을 입고 부처님을 향해 절하는 동자승이 수행이나 깨달음을 알기나 하겠는가. 부모의 사랑을 받으며 자랄 수 없는 불행한 인연으로 부처님을 만났으나 언젠가는 깨달음을 얻어 큰 스님이 되시기를 기원하는 마음뿐이었다.

2003년 5월부터는 가정의 달에 즈음하여 천마재활원 원아들에게 삼겹살 점심식사를 제공하고, 남해의 화방동산 노인들에게 불고기 봉사를 했다. 치매에 걸린 노인, 몸을 제대로 쓰지 못하는 노인에게 식사시중을 들 때는, 그들에게도 건강하고 아름다운 젊은 시절이 있었으리라 생각하면서, 그들의 모습이 먼 훗날 우리의 모습이 될 수도 있겠다는 생각에 가슴이 먹먹해 왔다.

김해교도소와 청송교도소 재소자 방문도 여러 번 했다. 교도소는 일반인들이 출입하기는 쉽지 않은 곳이다. 특히 청송교도소는 큰 죄를 지은 사람이 있는 곳이라는 선입견이 있어 교도소 안으르 들어 갈 때는 긴장감도 느껴졌다. 떡을 준비하고, 적은 금액이나마 영치금도 제공하였다. 수형자들을 보면서 천수경의 구절을 마음속으로 외었다.

죄무자성 종심기 심약멸시 죄역망
(罪無自性 從心起, 心若滅時 罪亦忘!)
죄는 본래 성품이 없는 것, 마음 따라 일어나네. 만약 마음이 멸하여 없어지면 죄 역시 사라지네!

죄망심멸 양구공 시즉명위 진참회
(罪忘心滅 兩俱空 示則名爲 眞讖悔!.)
죄도 사라지고 마음마저 없어져 공하면, 이것이 진실한 참회라 이름 하리라!

순간적으로 잘못된 마음이 일어나고, 그 마음 따라 행한 행동이 죄를 저질렀을 뿐, 그곳에 있는 수형자들도 우리와 똑같은 사람들이다. 그들이 이곳에 있는 동안 진실한 참회를 통해 새로운 사람으로 거듭 나길 간절히 기원하며 돌아서곤 했다.

참으로 고마운 것은 회원들이 적극적으로 봉사에 참여해 준 것이다. 음력 정월 독거노인 떡국 봉사부터 연말 근육 장애인 송년의 밤 행사까지 1년에 대여섯 차례의 봉사활동을 했다. 봉사는 남을 도우는 것이 아니라 내 자신이 선행을 실천하는 것이다. 그 뒤에 오는 행복감은 실천해 본 사람만이 느낄 수 있다. 그래서 봉사는 해 본 사람이 봉사를 한다.

간월암이 인연이 되어「만불선행회」회원이 되었고,「만불선행회」의 회장을 맡아 흐른 세월이 어언 20년이다. 당시 40대이던 회원은 회갑을 넘겼고, 50대이던 회원은 팔순을 바라보는 나이가 되었다. 세월을 따라 젊고 건강하던 모습들이 많이 변했다.

"봄, 여름, 가을, 겨울이 여러 번 바뀌었습니다. 세월은 흐르는 것이 아니라고 하지요. 세월은 저 혼자 머물러 있고, 시간도 정지되어 있는데, 흘러가는 것이야 우리들 사람이요, 변화하는 것은 자연이지요."

소설, <길없는 길>의 한 구절이 떠오른다. 간월암에서 찰랑이는 파도위에 떠있는 달을 보며 법명스님이 소설의 주인공 강교수에게 했던 말이다. 마치, 네 계절이 스무 번이나 바뀌어 많이 변해있는 우리「만불선행회」회원들에게 들려주는 말인 듯하다.

불가에서 세월은 멈추어 있다고 말들을 하지만, 우리 같은 속인이야 빠르게 흘러가는 것이 세월이다. 세월이야 잡을 수 없지만 지난 세월 아름다운 기억은 머릿속 깊숙이 각인되어 잊혀 지지 않을 것이다.

되돌아 생각하면 20년 동안을 좋은 사람들과 함께 한 봉사의 시간이 참으로 행복한 시간이었다. 모든 회원들의 선행이 보시의 공덕이 되어 다음 생에 좋은 인과로 열매 맺기를 진심으로 기원한다.

(2019.08.30.)

골프! 현대인에게 주는 벌

현대사회에서 일반인들이 많이 가진 취미활동 중 골프가 대세다. 골프는 시간적, 경제적 여유가 뒷받침되는 상류층의 사람들이나 하는 스포츠라고 생각 한 때도 있었다. 그러나 지금은 대중화가 되어 젊은 사람이나 여성들도 골프를 많이 한다. 일요일은 물론이요, 평일에도 필드에 나가보면 세태를 실감 할 수 있다.

나는 골프를 늦게 시작하였다. 오랫동안 헬스를 하여 체형도 제법 잘 만들어져 있었던 터이라 선뜻 운동을 바꾸기가 어려웠다. 그러나 친구들이 많이 권하고, 골프를 치는 친구들끼리 나누는 대화에서 소외되는 것 같아 환갑의 나이가 되어서야 골프채를 손에 잡았다.

쉬운 운동이 없지만, 골프를 해보니 무척 어려웠다. 정지되어 있는 공을 치는 대도 정확하게 맞추기가 쉽지 않다. 또 샷을 할 때 내가 원하는 방향이 맞아야하고, 보내고자 하는 거리가 정확해야 하는데 그게 뜻대로 되지 않는다. 그래서 「삼성」의 고 이병철회장님이 "자식과 골프는 마음대로 안된다"라고 했던가 보다.

골프의 실력은 구력이 필수지만 같은 구력이면 연습을 얼마나 많이 하느냐에 따라 결과가 확연히 달라진다. 그래서 시간만 나면 연습을 해야 한다.

골프 황제라 불리는 '타이거 우즈'는 "나보다 골프를 잘 치는 것은 인정할 수 있지만, 나보다 연습을 많이 하는 것은 인정할 수 없다"라고 했다는데 황제라는 명칭을 얻게 된 것도 피나는 연습의 결과인가 싶다.

골프를 하기 위해 필드에 나가려면 일주일 전에 예약을 한다. 예약이 되면 예약이 되었다는 연락을 받는 순간부터 신경을 쓰기 시작한다, 날씨는 좋을 것인가, 춥거나 덥지는 않을 것인가. 특히 아침 일찍 시간이 정해지는 날이면 제 시간에 일어나야 한다는 강박관념 때문에 자다가 몇 번이나 깨어 잠을 설치기도 한다.

골프를 칠 때도 마찬가지이다. 골프장은 각 홀마다 특징이 있게 중간에 벙크나 해저드 같은 장애물이 만들어져있다. 생각치도 못하는 에러를 발생하도록 일부러 그렇게 설계를 해놓는 것이다. 하여, 공을 치고 나서 엉뚱한 결과에 후회막급인 경우가 허다하다.

언젠가 법정스님이 쓴 책에 "골프는 현대인의 죄를 벌주기 위해 스코트랜드의 칼빈니스트들이 창조한 전염병"이라 써져있는 것을 보았다. 푸른 잔디밭에서 맑은 공기를 마시며 좋아라하는 운동이 어째서 벌이 되는가.

골프의 홀컵은 지름이 108미리이다. 그 좁은 홀컵에 공을 넣기 위해 골프예약 순간부터 신경을 쓰기 시작하여 홀컵에 공을 넣기까지 오만 생각과 번민의 연속이다. 불가佛家에서는 생각을 번뇌라고 한다. 그리고 번뇌는 곧 고통이라 했다. 법정스님 책에 벌이란 것이 바로 이것인가 싶다. 108미리 홀컵에 공을 넣기 위해 108번뇌를 일으

켜야 하고, 번뇌가 고통이니 이것이 벌이 아니고 무엇인가.

그런데 골프장의 홀은 18개가 있다. 홀 숫자를 20개, 30개처럼 딱 떨어진 숫자가 아닌 18은 어떤 의미인가. 그것은 아마도 종결終結되지 않는다는 의미일 것이다. 인간의 고민과 걱정은 끝이 없이 계속해서 일어난다. 무진번뇌無盡煩惱, 즉 끝없이 계속해서 일어나는 번뇌를 의미하는 것은 아닐까.

어디 생각뿐인가. 새벽잠에서 깨어 출발해 골프를 다 마치고 나면 오후 2,3시이다. 낮 12시에 골프를 시작하려면 오전 10시에 출발하여 밤이 되어서야 집으로 돌아온다. 하루라는 시간을 소비하는 것뿐만 아니라 적지 않은 돈도 지출해야 한다. 결국 골프는 몸 골병, 돈 골병, 시간 골병인 것을 보면 벌은 벌이다.

스코트랜드의 칼빈니스트들이 현대인의 죄를 벌주기 위해 창조했다는 골프를 동양의 종교인 불교와 비교하는 것이 아이러니 하지만, 108미리의 홀컵, 108번뇌! 왠지 조금도 어색하지 않다. 점점 늘어가는 골프인구를 보면 지금도 전염병은 진행되고 있는가 보다.

골프와 인생

골프를 치면서 생각 해 보면 골프는 인생살이와 꼭 닮았다는 생각이 든다. 인생을 뒤돌아보면 열심히 살고 노력했지만 목표했던 것들을 생각대로 이루지 못한 것이 많이 있다. 인생의 점수가 제대로 나오지 않았다는 것이다. 되돌릴 수 없는 인생이라 어쩔 수 없지만 가만히 생각해 보면 삶에는 기본 원칙이 있다. 그 기본원칙을 많은 사람들로부터 배워 왔지만 잘 지키지 않고 살아 왔다. 인생의 후회는 결국 그 기본원칙을 지키지 않은 것이라 생각된다. 그런데 골프가 인생의 기본원칙과 많이 닮아 신기하다.

골프는 뭐라 해도 첫째 자세가 가장 중요하다. 기본자세가 바르지 않으면 골프를 잘 칠 수 없다. 뿐만 아니라 자세가 나쁘면 실력이 늘지 않는다. 인생살이도 그렇다. 학생으로, 직장인으로, 정치인으로, 또한 아내로, 남편으로 각자의 신분에 따라 지녀야하는 기본자세가 있다. 그 자세가 바르지 못하면 각자가 해야 할 일을 충실 할 수가 없다. 그리고 바른 길로 나아가지 못하고 타인으로부터 비난의 대상이 되고 인생에 낙오자가 된다.

또한 골프를 칠 때는 한타 한타가 중요하다. 샷을 할 때마다 매번

신중하게 정성을 다해 내가 보내고자 하는 곳에 정확하게 공을 보내야 한다. 그래야 다음번 샷을 잘 할 수 있다. 이번 샷은 아무렇게 하고, 다음 샷은 잘 하면 되겠지 하는 것은 있을 수가 없다. 이번 친 공이 깊은 풀 속이나 급격한 경사면에 떨어지면 다음번은 좋은 샷을 할 수가 없다. 또 어렵사리 헤쳐 나온다 해도 또다시 좋지 않은 결과가 생긴다. 결국 악순환의 반복이다.

인생살이도 마찬가지다. 오늘 실컷 잘 놀던 학생이 시험 날 좋은 성적이 나올 수 없고, 젊어서 허투루 살아 온 사람이 늙어서 반듯하게 잘 살기는 어렵다. 하루하루를 착실히 바르게 살면 내일 삶이 편하고, 또 삶의 여건이 좋으니 더욱 착실하게 살 수 있어 먼 훗날 인생의 결과가 성공일 수 있다.

골프를 칠 때 알면서도 어려운 것이 고개를 들지 않는 것이다. 샷이 끝 날 때까지 고개를 숙여 공을 봐야 한다. 그런데 공을 치기도 전에 미리 고개를 들어 공이 가는 방향을 바라보게 된다. 고개를 들지 않는 것이 얼마나 어려운 것인지, 심지어 장님도 골프를 칠 때 고개를 든다는 말도 있다. 고개를 들면 공을 보지 않기 때문에 공을 잘 맞히지 못하는 것은 물론이요, 설령 맞아도 그 공이 바르게 가지를 않고 훅이 나든 슬라이스가 나든 꼭 나쁜 결과가 발생한다.

인생도 마찬가지이다. 살면서 고개를 숙여야 한다. 즉 겸손한 자세가 필요한 것이다. 사회생활을 하면서 어떤 사람을 만나도 겸손한 자세로 대하여야 한다. 겸손한 마음과 행동은 덕을 쌓는 것이요, 다른 사람으로부터 신뢰를 얻는 것이다. 쌓은 덕과 신뢰로 인하여 좋은 운이 따라 온다. 운이라는 것이 무엇인가. 좋은 사람을 만나는 것이다. 좋은 사람을 만나 좋은 인맥을 통하여 일이 잘 풀리고 인생에 좋은 결실이 이루어지는 것이다.

중요한 것이 또 있다. 욕심을 부리지 않는 것이다. 골프를 치는 동안 공을 좀 더 멀리 보내려는 욕심, 또 동반자보다 잘 치려는 욕심 등 순간순간 욕심이 일어난다. 그런데 희한하게도 욕심 부리는 마음으로 샷을 하면 반드시 더 나쁜 결과가 온다. 욕심 부리지 말고 연습을 할 때처럼 가볍게 샷을 하면 공이 바르게 가고 멀리 갈 것을, 더 잘해 보려고, 또 동반자를 이겨 보려고 욕심을 내면 곧바로 근육이 굳어져 엉뚱한 샷이 되어버리기 때문이다.

인생도 마찬가지이다. 살면서 욕심을 부리지 않을 수는 없다. 그러나 욕심을 부린다고 모든 것이 욕심대로 되는 것도 아니다. 욕심 낸다고 다 될 것 같으면 무슨 걱정이랴. 수분지족守分知足, 분수를 지키고 자기가 가지고 있는 것에 만족할 줄 알면 스스로 행복할 것을 욕심을 내면 행복한 마음마저도 잃게 된다. 그리고 과한 욕심을 부리다 오히려 인생을 망치는 경우를 우리들 주위에서 허다하게 볼 수 있다.

골프를 하면서 생각하면 할수록 신기하다. 골프를 치면서 느낀 것이 바른 자세, 신중한 행동, 욕심을 부리지 않는 것 뿐 만이 아니라, 이 외에도 인생살이와 비교되는 것이 무척 많이 있다. 음미해 볼 일이다.

신년 해맞이

2020년, 12월 끝자락인데도 조용하다. 내 생각에 이때쯤이면 10년이 넘게 신년 해맞이를 위해 남해南海로 갈 계획을 했던 것 같다. 구인회, 개금회, 부사모 등 모임의 회원들로부터 언제 남해에 갈 건지 전화가 왔었다. 모임에서 아니면 이병춘 사장, 한용자씨가 개인적으로라도 남해에 같이 가자고 연락이 온다. 그러던 것이 일체 말이 없다. 모두가 코로나-19 때문이다.

사실 코로나-19는 보통 문제가 아니다. 작년 초기, 코로나-19가 시작할 때는 처음으로 겪는 괴질이라도 옛날에 발생했던 메르스처럼 방역을 철저히 하면 수그러 들 것으로 생각 했던 것이, 1년이 지났는데도 오히려 더 확장 되었다. 지금도 확진을 받는 환자 숫자가 점점 늘어나는데 문제는 언제 끝 날 것인지 예측하기가 어렵다는 것이다. 백신이 개발되고, 그 백신이 공급되어 전 세계 인구가 접종을 하고, 면역이 생겨서 감기 정도로 되기 위해서는 시간과 노력이 얼마나 들어야 될지 알 수 없다.

이런 상황이니 금년에는 제야의 보신각 타종 행사도 생략하고, 해돋이 행사도 모두 취소되었다. 정부와 지방 자치단체에서는 유명

해돋이 지역을 봉쇄하고, 해맞이를 위해 타 지역에서 오는 방문객을 돌려보내고 있다. 부산의 명소 해운대와 광안대교도 작년과 같은 해돋이 행사는 못하게 되었다. 해돋이는 고사하고, 연말이라 고향으로 부모님을 뵈러 오는 자식들의 고향방문도 막고 있는 실정이다. 이런 상황이니 예년 같이 남해로 해맞이를 가자고 말 해오는 사람이 없다는 것은 당연한 사실이다.

아내와 단 둘이 물건리에 있는 남송호텔를 예약했다. 내가 나서 자란 고향집도 있지만 해를 보려고 아침 일찍 일어나기가 힘들 것 같아 떠오르는 해를 가장 쉽게 볼 수 있는 위치에 있는 곳으로 아예 숙소를 정하였던 것이다. 이곳 호텔의 전경은 참으로 훌륭하다. 전망은 동쪽으로 향해있어 떠오르는 해를 바로 볼 수가 있다.

이곳에서 조금 떨어진 남해의 관광명소가 된 독일 마을이 밤이 되니 더 빛을 발하는 것 같다. 독일마을 상가에서 화려하게 설치 된 조명이 시골의 조용한 밤공기와 어울려져 너무나 아름답다. 외국 건축 양식의 건물들과 어우러진 야경이 다른 시골에서는 보기가 드문 풍경이다.

2021년 새해아침, 동쪽 바다 위로 구름과 안개가 많이 끼어 있어 해가 한참 떠 오른 뒤에야 모습을 드러낸다. 오늘 떠오른 태양이나 어제 서산마루로 저문 태양은 같은 것이다. 그러나 새해 아침에 태양을 바라보는 마음이 다를 뿐이다. 새해가 되어 처음 떠오르는 태양을 보며 금년 한해 나라의 태평과 가내 식구들의 안녕을 빌어 본다. 그리고 자신의 삶도 아무런 장애없이 하고자 하는 일들이 순조롭게 이루어져 나가기를 기원한다.

새해의 첫날, 해돋이는 기원이다. 한해를 새롭게 맞는 새로운 마음의 기도이다. 기도는 마음에서 우러나오는 에너지요, 주파수이다. 우리 자신은 홀로 존재하는 것이 아니다. 우리 몸은 우주의 만물과 연결되어 있다. 천지天地는 뿌리요, 만물은 한 몸이다. 우주의 만물과 한 몸으로 존재해 있는 것이다. 그래서 내 기도의 주파수가 우주에 전달되면 우주의 에너지가 다시 나에게로 돌아오는 것이다. 이것이 새해아침 떠오르는 태양을 바라보며 마음을 모으는 목적이다.

작년에는 미조면 초전리 바닷가에서 해돋이를 했다. 해가 잘 보이는 언덕에 많은 사람들이 모여 바다에서 불어오는 차가운 바람을 맞으며 해가 솟기를 기다렸었다. 날마다 빛나는 태양이지만 새해 첫 아침에 동쪽 바다 위의 하늘을 벌겋게 물들이면서 바다 밑에서 환하게 불쑥 솟아오르는 해를 보면 기분이 좋다. 해돋이 장소 옆에는 이른 아침인데도 불구하고 그 동네 주민들이 떡국을 끓여 사람들에게 나누어 주는 풍경은 넉넉하고 마음 좋은 시골의 정다운 모습이기도 하다. 금년에는 그런 모습을 전혀 볼 수없는 것이 몹시 아쉽다.

보물섬 남해! 내가 태어나서 자란 고향이다. 고향은 언제나 마음속에 굳건한 기둥으로 존재해 있다. 타향 객지 외로울 때는 고향은 위로가 되고, 기쁠 때는 더 큰 환희가 되는 곳이다. 언제나 고향은 어머님 품 속 같은 곳, 홀로 찾아와도 외롭지 않은 곳이다, 새해, 고향에서 한해의 희망을 기원해 본다.

(2021. 1. 5)

삼신할머니

어리 적, 형님들이 나에게"너는 다리 밑에서 주워 왔다"고 했다. 우리 엄마가 나를 낳지 않고, 누군가 모르는 사람이 나를 낳아 다리 밑에 버려 놓은 것을 주워 왔다는 것이다. 그런데 그 말을 들으면서 생각해 봐도 내가 사는 곳 주위에는 다리 밑에서 주워 올 만큼 높은 다리가 없다. 큰 강도 없고 깊은 냇가도 없어 애를 버릴만한 다리 밑이 없다. 머리가 커갈수록 그 말은 나를 놀리려고 한 말이라는 것을 알았다.

또, 아주 어릴 때부터 들은 얘기는 내가 태어 난 것은 삼신할머니가 점지하였기 때문이라고 했다. 우리 어머니가 나를 낳았으나 삼신할머니가 나를 점지하였기에 내가 엄마 배에서 생겨났고, 그리고 태어났다는 것이다. 그런데 이 말은 내 머리 속에 상당히 깊이 박혀 믿음이 되었다.

삼신은 <삼국유사>에 우리의 시조인 하늘님이신 환인桓因, 아들인 환웅桓雄, 손자인 단군檀君, 세분이라고 기록되어 있다고 한다. 우리들을 삼신할머니가 점지하였다는 것은 우리가 세분의 자손이라는 뜻이다. 그런데 삼신의 의미는 지역에 따라 여러 가지가 있고, 삼시랑, 삼신바가지 등 이름이나, 삼신 할매에게 올리는 의식도 여러 가지가 있는 것으로 알고 있다.

삼신할머니 믿음은 생일날에 더 깊이 새기게 했다. 가족의 생일이 되면 마당에 쌓여있는 벼 짚단 속에서 볏짚을 한 움큼 뽑아 안방 아랫목에 미리 갖다 놓는다. 미역국을 끓여 얹은 생일상을 그 볏짚 앞에 놓고 절을 두 번 하는 것이다. 어릴 적 생각에 그 볏짚에 삼신할머니가 앉아서 식사를 하는 것으로 상상했다. 우리 집은 열형제와 아버지, 어머니, 1년에 모두 열 두 번의 생일상이 차려졌다.

어느 날, 아침식사를 하고 난 어머니께서 갑자기 토하며 머리가 아프다고 자리에 누워 고통스러워하시더니 "아, 오늘이 너의 형 생일인데 내가 깜빡했구나. 앞집에 가서 옥업이 어머니를 좀 오라해라." 내가 뛰어가 옥업이 어머니를 모셔오면 옥업이 어머니가 바가지에 물밥을 하고 칼을 들고 뭐라고 한 다음, 밥을 저 대문 밖으로 부어 버리면 고통스러워하던 어머니께서 언제 그랬느냐는 듯 괜찮아졌다. 그런데 이런 일이 몇 번이 있었다. 그럴 때면 어머니께서 생일을 잊고 미역국을 끓인 생일상을 차리지 않아 삼신할머니한테서 벌을 받는구나 하고 굳게 믿었다. 지금 생각해도 신기한 일이다.

그런데 가만히 보니, 삼신할머니에 대하여 다른 사람들도 대부분이 알고 있다. 젊은 사람들에게 물어 봐도 삼신할머니를 알고, 삼신할머니가 점지하여 태어났다는 것도 어렴풋이나마 믿고 있다. 어찌 보면 신기한 사실이다. 삼신할머니에 대한 것을 누가 일부러 알려주지도 않는다. 그런데도 삼신할머니를 알고 있고, 또 삼신할머니가 점지해 자신이 태어났다고 믿고 있는 것은 신기한 일이다. 우리 민족의 핏줄에 흐르는 근본정신이 아닌가 하는 생각이 든다.

어릴 적, 우리 동네에서 한해가 다 되어가는 동짓달이 되면 동제洞祭 또는 당산제堂山祭를 지내는 것을 보았다. 동제를 지낼 때면 아버지는 사흘 정도를 목욕재계하고 계시다가 당일이 되면 하얀 바지저고리에 두루마기를 입으시고 제사를 지내려 가신다. 동제나 당산제는 민속신앙이고 우리의 시조인 한인, 한웅, 단군 세분, 다시 말해 삼신할머니께 제사를 지내는 것이다.

세상이 IT시대로 많이 변했다. 그리고 불교나 기독교가 득세하여 민족의 전통신앙이나 삼신할머니는 미신迷信이라는 이름으로 밀려나고 사라져 간다. 그러나 어릴 적부터 들어 온 삼신할머니 이야기는 지금 생각해도 신기할 뿐만 아니라, 나에겐 믿음이 되어 남아 있다.

* 목욕재계 : 제사나 중요한 일 따위를 앞두고 목욕을 하여 몸을 깨끗이 하고 부정을 피하며 마음을 가다듬는 일.

* 할머니 : 옛날 높은 분을 부를 때 사용한 말, 조선시대에도 '아무개 대감 할머니'라고 불렀다 함.

옛날 추석명절

"더도 말고 덜도 말고 한가위만 하여라."

예전부터 추석명절에 많이 들어 온 말이다. 큰 명절인 설날과 추석 중 추석 명절은 첫째 무덥던 날씨가 변하여 덥지도 춥지도 않은 알맞은 기온에, 하늘 색깔도 파랗게 보여 마음이 환하게 맑아지고, 둘째 봄부터 가꾸어 온 곡식이 익어있는 들판을 봐도 배가 부르듯 풍족하고 넉넉한 기분이 들어 좋은 명절이다. 항상 한가위만 하면 좋을 듯하다.

지금은 세상이 많이 변하여 보기가 드물지만 내 어릴 적, 고향 남해南海에는 추석이 되면 많은 놀이 행사를 하였다. 제일 관심과 구경거리는 역시 씨름이다. 씨름은 애기씨름과 어른씨름이 있다. 사실 어른들 씨름판인데 애기씨름은 이벤트인 셈이다. 남해 지역 뿐 아니라 진주나 하동과 같은 외지의 씨름 선수도 참여한다. 금년에는 누가 장사가 될 것인가. 사람들의 관심이 컸었다.

씨름대회는 3일간 오후부터 밤중까지 진행되었다. 먼저 예선을 한다. 예선에서 뽑힌 선수들이 마지막 결선을 할 때는 거의 밤을 새웠다. 예기치 못한 승부가 날 때는 함성소리에 동네가 떠나 갈 듯

했다. 마지막 우승자에게는 부상賞으로 송아지가 수여되었다. 지금 전국씨름대회에서는 자그마한 황소 모형을 주는 것과 크게 대조적이다.

다음 놀이는 석사이다. 나무를 세워놓고 돌은 던져 맞추는 것이다. 이 경기는 특별한 기술이 있는 것이 아니다. 친구들과 막걸리 한잔하고 와서 시합삼아 돌을 던지면 옆에는 추임새를 넣어 흥을 돋우는 여자 분이 있었다. 목표물을 맞히면 장구를 치며 "지화자!, 지화자!,"하면서 노래를 불러주는 것이다. 던진 돌이 명중이 되어 좋은데다가 장구를 치면서 축가를 불러주니 기분 좋아 덩실 덩실 춤까지 추는 사람도 있다. 이 경기도 예선을 거쳐 결선에 가면 돌을 하나, 하나 맞힐 때마다 긴장감도 있는 재미나는 경기이다.

그리고 여자들의 놀이에는 그네뛰기가 있었다. 길게 걸려있는 그네에 올라 일정한 시간 안에 앞쪽에 높이 매달아 놓은 목표물인 방울에 몇 번을 닿느냐로 성적을 매기는 것이다. 밤중에 백열전구로 불을 밝히고, 수많은 사람들이 둘러싸고 있는 가운데 한복을 입은 여인이 그네를 힘차게 박차고 솟구칠 때는 사람들의 함성이 저절로 터져 나왔다. 사실 그 긴 그네를 그렇게 높이까지 박차고 오르기는 여간 힘든 것이 아니다. 그런데도 여자의 힘으로 그 높은 곳을 몇 번을 오르는 것을 지금 상상해 보면 신기하고 아름다운 그림이다.

이러한 놀이 뿐 아니라 들판에 누렇게 익은 벼를 봐도 마음이 풍요롭다. "농자 천하지 대본農者 天下之 大本"이라고 한자로 크게 쓴 깃대를 든 사물놀이패가 신나게 꽹과리와 장구를 치며 다니면 보기만 해도 절로 흥이 난다. 금년은 농사가 풍년이라 모두가 부자가 되어 다 같이 행복할 것 같은 기분이다. 이러한 기분을 느끼는 것이 추석

명절이다.

그러나 요즘은 추석이 되어도 추석다운 맛이 나지 않는다. 특히나 젊은 사람들은 농사와 거리가 멀다. 부모님은 시골에서 농사를 지어도 자식은 공부를 한다고 농사일에 거의 손을 대지 않는다. 옛날처럼 논에 뿌릴 퇴비도 모르고, 두엄을 지게에 지고 날라 본 일도 없다. 보리나 나락을 지게에 져 나르는 일도 없고, 타작이란 것을 해 본 일도 없다. 추석은 농사와 깊은 관계가 있는 명절인데 농사일과 상관이 없으니 추석명절의 깊은 뜻이 가슴에 느껴지지 않는 것이다.

추석은 풍년을 자축하고 조상에게 감사하는 깊은 뜻이 내재되어 있는 명절이다. 도회지에 사는 사람이나 젊은이들은 농사일과는 전혀 상관이 없이 살아왔고, 조상의 산소를 돌보는 일도 없다. 그리고 어른들처럼 추석에 씨름이나 그네 같은 추석명절 놀이에 대한 향수마저 없으니 마음속에 추석의 참 의미가 없이 추석은 그저 휴일 일 수밖에 없다. 추석 연휴에 국제공항은 외국여행을 떠나는 사람으로 북새통을 이룬다.

넉넉하지는 못하지만 어린 시절 추석놀이로 왁자지껄하던 그 때가 한없이 그리운 추억으로 남아 있다.

(2019년 추석)

벌초와 제사

추석명절이 다가오면 해야 할 일이 있다. 조상님 산소에 벌초를 하는 것이다. 초등학교 시절, 아버지를 따라 조부모와 친척들의 산소에 벌초를 했던 기억이 난다. 그때는 음력으로 팔월 초하루 이전에 산소에 난 풀을 말끔히 베어 낸다. 음력 팔월은 한창 더운 때이다. 지금처럼 풀을 베는 기계도 없어 엎드려 낫으로 풀을 베어야 한다. 하늘에서 내려 쬐는 햇볕과 땅에서 올라오는 뜨거운 열기에 무척이나 힘이 든다.

팔월 초하루 날에는 술과 음식을 준비해 산소를 찾아 성묘를 하였다. 그 더운 날씨에 큰아버지와 아버지께서는 풀을 먹여 빳빳한 모시옷이 땀으로 흠뻑 젖으면서, 옛 어른들의 추억담을 나누며 성묘를 다니시던 것이 무척 경건해 보였다. 요즘은 그렇게 의복을 정성스레 차려입고 성묘를 하는 모습을 찾아보기가 어렵다.

지금 우리 세대는 조상의 산소를 잘 돌보고 있다. 그러나 앞으로 후손들은 어떻게 할 것인지 걱정하는 말들을 많이 한다. 자식도 적게 낳는데다가 자식들이 부모의 고향이 아닌 객지에서 살다가 보니 시골에 있는 조상의 산소에 벌초를 해 본 일이 없다. 한 번도 해보지 않은 일을 추석명절이 되었다고 부모님 살던 시골로 내려가 잘 알지도 못하는 조상의 산소를 찾아 무더운 한여름에 땀을 뻘뻘 흘리며 무덤가에 억세게 나있는 풀을 벨 사람이 있을까.

어찌 보면, 조상의 산소를 돌보는 것이 효심이기도 하지만 그 보다는 관심이고 습관이 아닌가 싶다. 어릴 때부터 윗사람을 따라서 직접 벌초를 했던 사람은 윗사람이 없어도 때가 되면 어김없이 벌초를 한다. 만약 본인이 직접 못하게 되면 인부를 사서라도 한다. 그러나 그런 일을 한 번도 해보지 않아 습관에 젖지 않은 사람은 추석 때가 된들 조상의 산소에 풀을 벤다거나 성묘를 하는 것에 대하여 아예 생각조차도 하지 않는다.

추석명절의 의미도 많이 퇴색되었다. 추석은 풍년을 자축하고 조상에게 감사하는 깊은 뜻이 내재되어 있는 명절이다. 그런데 젊은 세대들은 농사일과는 전혀 상관이 없이 살아왔고, 조상의 산소를 돌봐 본 일도 없다. 그리고 어른들처럼 추석에 씨름이나 그네뛰기 같은 추석명절 놀이에 대한 향수마저 없으니, 추석은 의미 없는 그저 휴일 일 따름이다.

추석명절이 이처럼 많이 변했듯이 조상의 제사도 많이 달라질 것이다. 제사는 조상을 숭배하는 마음으로 돌아가신 날에 정성껏 음식을 마련하여 조상의 은덕을 기리고 추모하는 것이다. 그리고 제삿날을 통하여 형제간이나 친척을 만나 정을 나누는 기회도 되는 것이다. 그런데 오늘날은 자식이라야 한명 뿐이고, 사촌도 남처럼 지내는 세상이다. 추석명절에 올리는 차례는 물론이거니와 조상에게 올리는 제사도 개념과 가치관을 새롭게 가져 봐야 할 때가 된 것 같다.

제사의 유래는 여러 설說이 있지만 중국에서 처음 시작 될 때에는 죽은 조상을 위한 것이 아니고, 살아있는 부모를 높은 자리에 앉히고 제사형식을 지냈다고 한다. 우리나라는 고려 말에 제사가 들어왔고, 새로운 조선朝鮮이 건국되어서는 백성들의 마음을 다스리기 위해 죽은 조상에게 제사 지내는 것을 적극 권장했다고 한다.

제사상에 조,율,이,시라고 하여 대추, 밤, 배, 감을 차린다. 씨가 하나인 대추는 임금을, 알이 세 개인 밤은 삼정승三政丞을, 씨가 여섯인 배와 감은 육판서判書를 의미한다고 한다. 조상을 숭배하는 제사상에 3정승, 6판서를 상징하는 조,율,이,시가 요즘 세상에 상관이 있는 것일까?

부모가 서울에 사는 자식 집에 갔더니, 자식 집에서 부모의 서열이 애완견 다음이라고 하는 말이 있다. 밖으로 나간 자식, 며느리가 부모 식사는 걱정 하지 않아도 개밥은 알뜰히 챙긴다고 한다. 모든 사람이 다 그런 것은 아니고, 세태를 풍자한 이야기이다. 이렇듯 살아있는 부모를 잘 모시지 않으면서 죽은 뒤에 제사에 좋은 음식을 잘 차린들 무슨 필요가 있겠는가!

제사를 잘 지낸다고 효자가 아니다. 부모가 살아 있을 때 전화라도 한 번 더하고, 짧은 시간이라도 부모님과 즐거운 시간을 가지며, 능력껏, 정성껏 부모님께 효도하는 것이 백번 옳은 일일 것이다. 부모를 잘 섬기는 마음 자체가 복을 받을 수 있는 것이지 형식에 있는 것은 아니다.

제사도 달라진 세태에 따라 변해야 한다. 죽으면 화장을 하여 흙으로 돌아가게 하고, 망자가 생전에 기독교인이었다면 기독교의 절차에 따라 추모를 하고, 불교를 가까이 하였다면 절에서 49제를 지낸 후, 제사도 절에 맡겨 지내는 것이 좋을 것 같다.

금년 추석을 지내고 나서 갑자기 느낀 감정이다.

(2019. 09. 30)

아파트 가격

요즘, 정치권에서 제일 큰 문제가 부동산 정책이다. 천정부지로 오르는 아파트 가격을 어떻게 막느냐 하는 것이다. 근래 아파트와 주택의 가격이 많이 올랐다. 특히 서울 강남의 아파트 가격은 상식을 초월해서 상승하였다. 아파트 평당 가격이 4천만원이 최하이고, 평당 1억에 가까운 아파트도 있다. 이렇게 주택의 가격이 오른 이유가 무엇인지에 대해 국토부 장관을 질책하고 여당을 몰아세운다. 대답이 궁색한지 실제 근거가 되는 이유인지 전前 정권에서 잘 못한 정책 때문이라고 대답하는 정치인도 있다. 현재 정권이 시작된 것이 3년이 지난 지금, 전 정권 탓을 하는 정치인은 양심 없고 얼굴 두꺼운 사람이 아닌가 하는 생각이 든다.

주택가격 정책에 대해 7월 10일 현재 22번째 발표를 했다. 그러나 이 정권 출범 후 정책을 발표 할 때마다 그 정책을 비웃기라도 하듯이 아파트 가격은 더욱 더 올랐다. 아파트 임대 전세보증금도 따라서 올랐다. 아파트에 전세를 사는 사람들도 난리가 났다. 임대를 사는 사람이 전세보증금이 1억원이 넘게 오르면 그 많은 돈을 갑자기 마련하기가 쉽지 않다.

지금까지 발표한 정책을 보면 주택의 공급을 늘리는 정책은 별로 없고, 주택을 소유한 사람에게 세금을 어떻게 부과 할 것인지에 대한 내용이 많이 있다. 주택가격 정책이 나올 때마다 세법이 변경 되다보니 전문가인 세무사들도 헷갈리는 경우가 있어 가끔 양도소득세 계산을 할 때 행여 틀리지는 안았나하고 의구심이 들면서 걱정스러운 마음이 들기도 한다.

그런데 주택가격 정책을 결정하는 장관을 비롯한 고위 공직자와 이와 관련한 법률을 개정하는 국회위원 중 많은 사람이 서울 강남에 비싼 아파트를 소유하고 있다. 기재부 및 국토부 등 고위공직자 110명 중 36%가 다주택 소유자라는 뉴스 보도도 있다. 이런 사람들이 세법을 개정하면 자신이 세금을 많이 내어야 하니 법을 고치는 마음이 가볍지 않을 것이다.

서울 강남의 아파트 가격이 높기는 하지만 그렇다고 그 사람들에게 세금을 많이 부과하는 것은 부당하다는 생각도 든다. 아파트 가격이야 기존에 가만히 가지고 있는 사람이 무슨 상관인가. 수요공급의 법칙에 따라 아파트를 구입하려는 사람들이 많은 것에서 원인이 발생하는 것이다. 그러나 한편으로 쪽방이나 옥탑방에 사는 사람들, 그리고 자기 집을 가져 보려는 젊은 사람들을 생각하면 비싼 집에 살면서 세금 조금 많이 내는 것이야 당연히 감수해야 할 업력業力이 아닌가 생각이 된다.

부산의 아파트 가격은 서울의 아파트와 비교하면 많이 낮은 편이다. 그러나 부산도 일부 지역에서는 아파트 가격이 많이 상승하였다. 그리고 새로이 분양하는 아파트의 경우 일반 청약 경쟁률이 300대 1이다. 새로이 짓는 아파트의 분양가격은 기존 오래된 아파트의 거래 가격 보다 곱이나 비싼데도 불구하고 새 아파트를 청약하려는 사람들이 그렇게 많은 것을 보면 아파트의 가격이 오르는 것이 당연하다고 생각된다.

지금은 코로나 바이러스-19로 인하여 경제가 무척 어렵다. 폐업하는 사업장이 금년 상반기에 14만개나 된다고 한다. 수출로 먹고 사는 나라에서 수출도 엄청 줄었다. 사업자들은 IMF 때보다 더 힘든다고 한다. 주위에 장사를 하는 사람들을 보면 한결 같이 손님이 없어 울상이고, 뉴스를 보면 사회가 뭔가 어수선하고, 왠지 불안한 일들이 많이 있는데도 불구하고 아파트 가격은 상승한다. 그리고 거리에는 외제차도 많이 눈에 띈다. 시대가 힘들고 경제가 어려워도 국민들이 잘 사는구나 하는 느낌이다.

아파트의 가격이 오르면 아파트를 가지고 있는 사람은 기분이 좋다. 내가 사는 아파트가 가만히 있는데도 불구하고 구입 할 때보다 몇 억원이 올랐다고 하면 좋아 하지 않을 사람이 없을 것이다. 그러나 이러한 현상은 부익부, 빈익빈의 현상을 더욱 심화시킨다. 가진 자, 더욱 많이 가진 자는 더 많이 가질 수 있어, 잘 살고 못 사는 계층 간에 극단적인 양극화현상으로 가는 것이다. 그렇잖아도 중산층이 없어졌다는 말도 나온다.

하루속히 아파트 가격이 안정이 되도록 국가에서 좋은 정책을 마련하여, 집없는 사람들, 그리고 열심히 일하는 젊은 사람들이 자신의 집을 가지고 행복하게 살았으면 좋겠다.

(2020. 8. 5)

제3장

인생을 되돌아보고

인생회상人生回想

삶이란 무엇인가?. 어제 저녁에도 친구의 모친 장례식장에 문상을 다녀왔다. 사람은 누구나가 온 길로 되돌아간다. 아무리 잘 난 사람도, 아무리 힘이 센 사람도 때가 되면 이 세상을 하직하는 것이다.

인생 70대 중반, 나도 이제 적은 나이가 아니다. 살면 얼마나 살 것인가. 빈손으로 왔다가 빈손으로 가는 인생, 나는 그동안 무얼 하고 살았나. 70년이 넘는 세월동안 무엇을 위해서, 무엇을 하며 살았는가. 휘몰아치는 생존의 소용돌이 속에 용케도 잘 살아 온 것인가. 뒤돌아보면 세월은 참으로 빠르게 흐르는 한 순간이다.

고등학교 졸업을 하는 해 3월, 공무원 시험에 합격하여 30여년의 세월을 공직에 몸담았다. 70년대, 80년대를 회상하면 그 때는 세무행정이 바르게 서지 못해 세금을 매기는 것도 주먹구구식 인정과세 시대였다. 종합소득세, 부가가치세가 시행되면서 세무행정이 정상화 되는 과정에서 어려운 일도 많았고, 지금 생각하면 웃음이 나오는 에피소드도 많이 있었다. 지금은 컴퓨터시대로 모든 것이 사실에 의한 근거과세이다. 옛날에 비하면 세상 참 많이 변했다.

옛날 직장 이야기가 나오면 단번에 나오는 말이 좋은 직장에서 어두운 시절 돈 많이 모았겠다는 것이다. 괜히 해보는 소리겠지만 돈이란 욕심대로 모이는 것이 아니다. 공무원이 돈을 모으면 얼마나 모으겠는가. 약삭빠른 머리도 없었고 돈이 보이면 눈에 불을 켜고 달려들지도 않았던 것 같다. 공무원이 부정을 하더라도 한계가 있다. 엄청난 부정을 저질러 신문 방송에 나오기도 하지만 부정도 기회가 와야 한다. 억지로 그런 부정을 만들 수 있는 것도 아니다.

살면서 느낀 것이지만 돈은 임자가 있다. 돈에는 주인의 주민등록번호가 적혀있다. 자신의 일터에서 열심히 일하면 자신의 주민등록 번호가 적혀 있는 돈이 임자를 찾아오는 것이다. 나의 주민등록 번호가 적혀 있지 않은 돈을 억지로 가지면 안된다. 남의 주민등록 번호가 적힌 돈은 들어 올적에는 조용히 들어오지만 나갈 때에는 복수를 하고 떠난다. 쉽게 말해 부정한 돈은 꼭 탈이 나서 형무소로 가게 마련이다. 진작부터 그런 생각을 하며 살았던 것 같다. 돈에 너무 욕심 낼 일이 아니다. 욕심 없이 살아도 본래 정해진 그릇 만큼은 채워지기 마련이다.

세상살이는 언제나 경쟁이다. 공무원 사회도 마찬가지이다. 본인이 근무하고 싶은 곳, 욕심나는 자리, 승진, 이 모든 것이 경쟁이다. 그럴 때면 인맥, 학맥은 물론 동원되고 금맥도 따른다. 학맥을 치면 시골의 수산고등학교 졸업자로 이끌어 줄 선배가 있을 리 없다. 그러나 어떤 일이 있을 때 마다 도와주고 이끌어 주는 좋은 사람들을 만났던 것 같다. 삶의 고비마다 도와주는 사람을 만나는 것도 큰 복이다. 그런데 고마운 분들의 은혜에 보답도 못하고 세월만 흘렀다.

직업은 선택하여 갖는 것이 아니라 각자 운명에 따라 정해지는 것이다. 직업이 선택하여 갖는 것이라면 내가 세무공무원이 되는 일은 절대 없었을 것이다. 하늘이 내려 준 천직을 무시해서는 안된다는 것도 알았다. 천직을 무시하고 쉽게 이직을 한 사람이 잘 되는 경우는 보지 못했다. 이 위대한 진리를 깨달은 것은 다행이다. 사람에게 천직이 있다는 것을 깨달은 다음 나의 천직인 세무공무원의 자리를 끝까지 잘 지켜야겠다고 결심하고 열심히 일했다. 그 결과, 평생직장을 가질 수 있는 세무사 자격을 얻게 되었다.

1997년 8월, 2년 만에 지방청에서 일선 세무서에 가니 그때부터 국세청의 조직, 근무환경이 많이 바뀌기 시작했다. 여기까지가 내 공직생활의 끝이라는 느낌이 왔다. 그리고 세무사 사무실 개업도 해야 할 시기가 왔다는 생각도 들었다. 1998년 말, 공무원 생활에 명예퇴직이라는 이름으로 종지부를 찍었다. 막상 30여년 세월을 정답게 드나들던 세무서 정문을 나설 때는 수없이 많이 헤쳐 온 어려웠던 순간순간들이 영화의 필림처럼 머릿속에서 돌고 있었다.

퇴직을 하고 세무사 사무실 문을 연지도 스무 해를 넘겼다. 긴 세월이다. 인생살이 잠시도 멈출 수 없어 숨 막히도록 급하게 살아왔다. 흘러가는 세월 속으로 젊음도 떠나가 버리고 이제는 70대 중반의 노인이다. 아득히 그리움 너머로 옛 일들이 자꾸 생각이 난다. 그래서 이 글을 적는다.

인생회상! 노인은 추억을 먹고 산다.

(2020. 03. 20.)

일흔이 넘은 나이에

인생 칠십 고개 참 쉽게 넘어왔다. 어릴 때는 70대 노인을 보면, 참 오랜 세월을 사신 분이구나 하고 생각했는데, 내 인생 되돌아보니 인생 칠십이 금방이다. 어릴 적 꿈도 크고 한도 많았다. 젊은 시절에는 어디를 그렇게 쫓아 다녔는지, 무얼 찾으려 그렇게 헤매었던가, 인생은 일장춘몽이라는 말이 가슴에 와서 꽂힌다.

젊은 시절 읽었던 "자연가自然歌"라는 옛 시조이다.

> 청산도 절로절로 녹수도 절로절로.
> 산 절로 수 절로 산수 간에 나도 절로.
> 이 중에 절로 자란 몸이 늙기도 절로절로.
>
> – 김인후(1510–1560)호는 하서

이 시조를 읽을 때는 내 자신이 너무 젊어서, 늙는다는 말이 있어도 '늙는다'는 그 개념 자체를 전혀 느끼지 못해, 아주 낭만적인 시조로만 알았다. 산 절로, 수 절로, 나 자신도 자연 속에서 자연처럼 살아가는 것이구나 하고 생각했던 것이다. 그런데 이제 일흔이 넘은 나이에 이 시조를 읽어 보니, 산 절로, 수절로는 자연 그대로이건만, 이 몸은 절로절로 늙어서 어느새 노인이 된다는 서글픈 의미의 시조이다.

인생 칠십이면 옛날에는 오래 살았다고, 고래古來로 보기 드문 나이라 하여 고희古希라고 불렀건만 100세 시대라 부르는 지금 세상에 70은 그렇게 늙은이 대접 받는 나이가 아니다. 그러나 10년 전과 지금의 내 몸 상태를 비교하면 근력이나 기력이 서글플 정도로 약해지고, 행여 아픈데 있어 수술이라도 하고나면 너무 늙었구나 하는 한심한 생각이 들어, 지난 세월이 자꾸만 뒤돌아 봐진다.

이렇게 허무하게 지나가는 청춘인걸, 그렇게 빨리 지나가는 세월인걸, 가는 길, 옆 눈 팔 것 없이 길 따라 가면 될 것을 이쪽저쪽 눈 팔다가 엉뚱한 길로도 가고, 세상이 파 놓은 허방에도 빠져 허우적거리다가 아까운 몸 다치고 귀한 시간만 허비했다. 더 가질 것도 없는데 더 가질 수도 없는데 이 욕심 저 욕심에 무정한 세월만 보내었다.

내가 살아 온 길을 보면 누가 봐도 잘 살았다. 고등학교를 졸업하자마자 공무원이 되어 젊은 시절 신바람 나게 살았다. 술 잘 먹고 노래 잘하는 사람이라 한량답게 놀았으니 누가 봐도 좋게 볼 수밖에 없겠다. 그런데 지금 와서 생각하면 그런 시간들이 아내에게 미안한 시간이요, 아들, 딸들에게 좀 더 사랑을 주지 못한 후회의 시간들이다.

안타까운 것이 청춘이요 무정한 게 세월이다. 무정한 세월을 다시 돌릴 수 있다면 나는 첫째 우리 아버지, 어머니께 효도하는 효자가 될 것이다. 내 중학교 3학년 때 눈을 감으신 불쌍한 우리 아버지, 평생을 밥 드시는 시간 말고는 황소처럼 힘들게 일만하시던 아버지. 아버지가 하는 일을 내가 대신하고 아버지는 편히 쉬게 해드릴 것이다. 삼베적삼, 바지 대신 멋진 양복을 사 드리고, 평생 신고 다니신 짚신 대신 반짝 반짝 광나는 구두도 사 드릴 것이다. 열 자식 키우느라 뼈골 빠진 우리 어머니에게는 레이스 달린 꽃무늬 원피스를 사 드리고, 빨강 구두도 사 드릴 것이다. 두 분을 멋진 식당에 모시고 가서 식사도 하고, 외국여행도 보내 드릴 것이다. .

내 젊은 날 되돌아보면 술은 왜 그렇게 많이 마셨는지. 좋은 사람들을 많이 만났던 것 같다. 후회는 없다마는, 이 아름다운 지구별에 다시태어 나면 그때는 술을 좀 적게 마실 것이다. 술 마시는 시간에 가족과 함께 지낼 것이다. 그때는 아내에게 잘한다고 소문나는 남편이 될 것이다. 내 딸, 아들에게 친구와 같이 편하고 다정다감한 세상에 제일 좋은 아빠가 될 것이다.

인생 칠십, 이제 남은 세월이 얼마나 될까. 아내를 더 사랑해야겠다. 웬만하면 아내가 하고 싶은 것을 하도록 허락하자. 진공청소기도 내가 자주 밀어 집안 청소를 도와주고 맛있게 해주는 요리솜씨를 자주 칭찬 해 주자. 그렇게 해 준들 그 세월이 얼마나 될까. 아내가 기뻐하고 좋아 할 시간이 얼마일까. 얼마 남지 않은 시간을 즐겁게 살자. 멋지게 사는 것이 멋지게 죽는 것이다.

이 세상에 시들지 않는 꽃이 어디 있는가. 늙지 않고 사는 사람 아무도 없다. 황후장상도 늙고 병들어 죽는다. 늙음은 인생의 과정이요, 자연의 섭리이다.

내일 아침은 이 늙은이에게도 해는 뜰 것이다. 사는 날까지 파란 하늘, 밝은 태양을 바라보고, 불어오는 바람을 맞으며, 산 절로 수 절로 산수 간에 흐르는 바람처럼 살다 가련다.

(2019.7.20.)

思母曲

"욕심내지 말고 살아라."

두 달째 자리에 누워 계시는 어머님의 말씀이다. 지난 추석까지만 해도 지팡이를 짚고, 집안에서는 거동을 하시던 분이 이제 자리에 누우셨다. 자식에게 유언처럼 늘 하시는 말씀이 무겁게 가슴을 누른다.

어머님의 평생을 회상해 보면 좋은 일 보다는 궂은 일이 더 많았던 것 같다. '가지 많은 나무에 바람 잘 날이 없다'는 속담과 같이 많은 자식들이 들려주는 소식은 기쁨보다는 가슴쓰린 이야기가 더 많았다. 그러나 아무런 내색 없이 속으로만 혼자 삭이시고. 언제나 밝은 모습, 따뜻한 마음만 자식들에게 안겨주셨다.

어머니는 우리에게 등대였다. 거친 바닷가에 우뚝 서있는 등대처럼, 세상살이에 힘들어 하는 자식들에게 어머니등대는 용기와 희망의 불빛으로 지켜 주셨다. 어두운 밤, 험난한 세상파도가 몰아쳐 어려움이 더 할수록 어머니의 등대는 더욱 밝은 빛을 비추시었다. 그러던 어머니의 등대가 세월이라는 물결에 밀려 그 빛을 잃어가고 있다. 불빛은 하루하루 희미해져 가는 것이 눈에 보인다. 점점 가늘어지는 불빛 너머로 어머니의 인생이 파노라마처럼 펼쳐진다.

100여 년 전, 우리 할아버지는 남해라는 작은 섬에서 이름 난 한의漢醫였다. 들것에 실려 온 환자가 할아버지 정약국의 침을 맞고는 일어서 걸어 나갔다는 전설적인 침술을 가진 분이었다고 한다. 그런 할아버지가 갑자기 한 쪽 수족을 못 쓰게 된 외할머니를 치료하여 낫게 한 것이다. 천석군집 마나님의 병을 고쳤으니 두둑한 치료비 뿐 이었겠는가. 시집 안간 16세 된 딸을 정약국 둘째 아들과 결혼까지 시켰다. 그래서 어머니는 정약국집 며느리가 되고 아버지와 부부가 되었다.

어머니가 시집을 와서 보니 그 이름 난 정약국 집에 숟가락 몽댕이가 똑 바른게 하나도 없더란다. 가내 살림살이는 형편이 없는데 환자는 찾아와 하루에 약을 달이느라 쉴 틈이 없었다고 했다. 새벽 네시에 일어나 절구통에 보리방아를 찧어 밥을 짓는 것을 시작으로 수많은 약을 달이다 보면 밤 12시가 넘어서야 잠자리에 들었다고 했다.

그때 큰 아버지는 남사당이 되어 패거리를 따라 전국 팔도를 떠다니셨고, 삼촌은 어머니 보다 두 살 적은 14살로 서당에 다녔다고 했다. 이런 가족관계 속에서 어머니에게 모든 것을 맡기고 시어머니인 할머니는 집안 살림살이에 손끝 하나 까딱하지 않았다고 할 때는 어머니의 원망이 조금 섞인다. 열여덟 나이에 첫 출산을 하는데 아무도 돌봐주는 사람이 없었다고 했다. 어린 나이에 아들을 낳아 손수 가위로 탯줄을 자르고, 입고 있던 속바지로 다리에 묻은 피를 닦은 뒤, 사립문 밖 논가에 있는 물웅덩이로 나가 빨래를 해 오니, 그제사 할아버지께서 할머니 들으라고 큰 소리로 "야 이 미련한 인사야!, 개가 새끼를 낳아도 들여다보는데, 자부가 자식을 낳는데 본체도 안하고 있냐!"고 하더라고 말 할 때는 서글픈 시집살이에 대한 슬픈 애환과 할머니에 대한 원망이 소롯이 묻어 나온다.

"너그 할매처럼 미련한 사람 또 있을까."

자식 둘을 낳고 생각하니 그 집안에 평생을 살아봤자 희망이 없겠더란다. 새벽부터 밤중까지 많은 식구와 환자들의 뒷바라지에 뼛골이 녹아내리듯 했고, 남편은 소처럼 일했으나 미련한 시어머니와 시아버지 정약국은 장남과 막내아들만 편애했다 한다. 오기에 찬 어머니는 어린자식은 등에 업고 남편 손을 잡아끌고 윗마을 석평부락 남의 집에 단칸방 세를 얻어 살림을 나와 버렸다. 시가집에서 숟가락 하나 가지고 오지 않았다고 했다. 그 시절에 어린 며느리의 당찬 결단과 용감한 행동에 시부모의 말문이 막힐 만하다. 그것이 어머니의 강직하기만 한 타고난 성격이다.

우리 형제는 칠남 삼녀로 10남매가 성장하였다. 막내인 내가 열한번째 태어났는데 중간에 누님 한분이 어릴 적에 죽었다고 했다. 어머니는 출산은 쉽게 했던 것 같다. 우스갯소리로 재채기하다 한명 낳고, 코 풀다가 한명 낳았다고 했다. 자식을 많이 낳다보니 상상이 안가는 얘기도 있었다. 어머니는 계속 태어나는 자식 여덟명을 낳고 아홉번째 임신했을 때, 이번이 마지막이겠지 생각 했다한다. 어머니는 아들을 퍽이나 좋아 하셨다. 아들과 딸 차별이 이만 저만 아니었다. 그런 어머니가 자식을 아홉명을 낳았지만 아들이어서 좋은 마음이었던 것 같다.

그런데 열번째 임신이 된 것이다. 이번에는 아기를 지워야겠다는 생각을 많이 했다고 한다. 간장을 사발 째 마시기도 했고, 언덕에서 굴러내려 오기도 했다고 했다. 그렇게 했는데도 지우지 못하고 열 번째는 재를 모아 두는 잿간에서 가마니를 깔아 놓고 딸을 낳았다. 그런데 정말 큰일은 열한번째 임신이다. 이번엔 더 필사적으로 유산을 시키려고 애를 썼다고 했다. 그러나 사람이 나고 죽는 것은 하늘에 매인 일, 즉 운명이다. 끝내 유산이 되지 않았다. 열 번째가 딸이다 보니 이번에도 딸일까 하는 생각이 들어 변소에 들어가서 애를 낳았다. 내가 태어 난 것이다. 딸이었으면 변소 구덩이에 빠뜨리려고 했다는데, 설마 그렇게는 했겠나마는 생각해 보면 그 형편없는 시골 변소에서 태어났다는 것 만 해도 아슬아슬한 일이다. 정말 귀한 생명이다.

내 어릴 때 어머니께서는 나를 보고 "너를 열살만 먹여놓고 죽으면 원이 없겠다"는 말을 자주 하셨다. 지금 생각해도 그때 어머니의 병이 무엇이었는지 궁금하다. 잘 지내다가도 갑자기 '아이구 배야!' 라고 하면 열흘이고 보름이고 방에서 배를 움켜잡고 뒹굴었다. 영 견디지를 못할 지경에 이르면 빨리 의사를 데리고 오라했다. 그러면 꼬마인 내가 우리 집 옆에 있는 병원으로 달려가 의사에게 "우리 엄마 죽습니다"라고 고함을 지르면 의사는 알았다는 듯이 우리 집으로 달려와 어머니에게 주사를 찔렀다. 그렇게 하기를 하루에 몇 번씩을 했다. 나중에 안 사실이지만 그 주사는 '몰핀'이라 했다. 오랫동안 주사를 계속 맞으니 팔에 찌를 곳이 없어 다리에도 주사를 맞았다. 후일 그 의사는 '웬만한 사람 같으면 마약 중독이 됐을텐데 중독이 안 된 것이 이상하다'라고 말 할 정도로 몰핀을 많이 맞은 것이다.

그렇게 아프던 어머니가 어느 날인가 누구에게 듣고 옻나무를 시루에 쪄서 진을 내는 무슨 조약?을 해 드시고는 그 병 없어졌다. 지금 생각하면 어머님이 살아 계실 때 그 조약을 어떻게 만들었는지 물어서 알아 두지 못한 것이 많이 아쉽다.

나는 비교적 또래보다 체격도 크고 성숙한 편이었다. 중학교 2학년 때 키가 173센티, 발 길이기 270미리였다. 1학년에서 2학년 올라오는 기간에 키가 20센티가 커져서 만나는 사람들 마다 내 키를 보고 놀라는 것이었다. 어느 날 이웃집에 사는 재춘이 어머니가 나를 불러 세우더니 "뒷집 아지매가 애기를 낳았다고 해서 갔더니, 너가 꼭 거미 같더라. 새까만 애기가 빼만 붙어서 있어, 아이고 아지매! 어떤 사람은 백일기도를 해도 애를 못 낳는데, 이 애가 이렇게 야위어 되겠소. 그러캤다."라고 말했다. 그런 이야기를 들으면 어머니가 몸도 아프고 일도 고된데다 잘 먹지도 못하다 보니 내가 태어 날 때 그 모양이었나 보다. 그러나 나는 누구보다도 건강해서 운동도 잘하고, 힘도 좋아 나무지게도 잘 져서 집안의 농사일도 잘 거들면서 자랐다.

아버지는 내가 중학교 3학년 때 별세를 하셨다. 아버지의 별명은 '뚱띵이 영감'이다. 우리 집은 '뚱딩이영감네집'이다. 아버지는 키는 작아도 몸은 돌처럼 단단했다. 내 어릴 때 보면 아버지는 정말 소처럼 열심히 일을 하셨다. 그때 내 기억으로 우리 전답이 1800평이었는데 아버지는 하루도 쉬는 날 없이 농사일도 하시고 땔나무를 준비하시면서 참으로 일을 많이 하시었다.

아버지는 술도 잘 드시었다. 아침에 일찍 논, 밭을 한 바퀴 돌고 오시면, 그 아침인데도 불구하고 어머니에게 소주를 한 사발 따뜻하게 데워 달라고 하여 한숨에 마시는 모습이 머리에 선명하다.

아버지는 대체로 어머니에게 지면서 사는 모습이었다. 아버지의 성품이 너그러운 편이기도 하지만 어머니께서 처음 시집 왔을 때 시집살이 고생을 많이 시켰고, 그리고 부모로 부터 독립 할 때도 어머니의 결단에 따랐던 것이 이유인 듯도 하다. 당차고 참으로 지혜롭고 부지런한 아내에게 살짝 양보하는 것 인지도 모른다. 어머니가 그때 이야기를 꺼내면 아버지는 하늘만 보고 계셨다. 간혹 어머니는 '그 때 그 집을 나오지 않고 계속 살았더라면 지금 우리 식구들은 죽도 못 먹고 살 것이다.' 라고 말씀하기도 하고, '너그 아부지 같이 어리석은 사람은 없다.'라고도 하셨다. 그러면서 '너그 아부지는 법 없이도 살 영감이다.'라는 말씀을 종종 하셨다.

아버지뿐 아니라 큰아버지도 어머니의 눈치를 봤고, 큰어머니는 웬만한 일은 일일이 어머니와 의논을 하는 것을 보았다. 시부모로부터 살림을 나왔을 때 두 살 아래인 시동생이 "형수가 우리재산 다 가지고 나갔다"라고 말했다는 것을 소문으로 듣고는, 어느 날 길에서 만난 시동생을 보고 "야 이놈, 00야, 내가 무슨 살림을 빼왔느냐"고 호통을 쳤다고 했다. 그때가 20대 초반인데 시동생에게 "야 이놈!"하고 이름을 부를 정도로 성질이 있은 분이시니 살아오면서 여장부 노릇이야 당연한 것 같다.

처음 시집 와서 어머니와 시동생인 작은 아버지가 사이가 좋지 않았으나 어른이 되어서는 작은 아버지가 어머니를 자주 찾아오셨다. 작은 아버지는 남해 섬에서 유일하게 평양까지 가서 공부를 했다고 했다. 내가 기억 할 때는 작은 아버지께서 50대쯤인데 금테안경에 중절모를 쓰시고, 지팡이를 들고 다니는 모습이 옛날 그 시절에 보기드문 멋쟁이셨다. 특이한 것은 대문 밖쯤에 왔을 때 큰 소리로 기침을 하고 가래침을 뱉었다. 그러면 집에서 어머니께서 "너거 삼촌 온다"하고 알아차린다. 결국 침 뱉는 것은 내가 왔다는 신호인 샘이다. 어머니는 작은 아버님이 오시면 나에게 주전자를 주면서 술도가에 가서 막걸리를 사오라고 했다. 술상을 차려 대접을 하면, "형수님이 담은 김치는 어떻게 이리 맛이 있습니까"하면서 막걸리를 쭉 마시고는 김치를 한 젓가락 집어 맛있게 드시던 모습이 는에 선하다.

김치 얘기가 나왔지만 김치뿐만이 아니라 어머니의 음식 솜씨는 정말 뛰어났다. 어머니는 간혹 "부잣집에서 온 며느리는 부엌일을 잘하고, 가난한 집에서 온 며느리는 들일을 잘 한다"고했다. 끼니도 어려운 시대에 가난한 집 처녀가 맛있는 음식을 해 볼 기회가 있었겠는가. 그런데 어머니는 천석군의 집에서 자라서 음식 재료도 많이 알고, 그 재료로 만든 요리 솜씨가 일품이었다. 특이 한 것은 술을 입에도 대지 못하시는 분이 술을 담아 막걸리를 만들면 그 향긋한 술 향기와 시원한 맛이 글로써 표현 할 수가 없다. 이웃집 어른들이 술을 드시고는 탄복을 하는 모습을 많이 봤고, 어린 내가 막걸리를 조금 마셔 봐도 누룩의 냄새나 거북한 맛은 전혀 없이 청량한 음료수 같았다. 내가 성장한 후에 그 막걸리와 같은 맛은 이 세상 어디에서도 찾을 수가 없었다. 어머니는 막걸리뿐만이 아니라 쌀이 동동 뜨는 '동동주'를 담기도 했다.

어머니의 음식 맛은 제일 큰 누님이 많이 닮았다. 금년에 91세인 큰누님은 세 번째 태어나셨다. 어머니는 큰누님 어릴 적 얘기를 종종 했다. 여자라고 학교도 보내지 않고, 어머니가 아파 누웠거나 일하러 가면 여덟 살 누님이 동생을 업고 밥을 지었다고 했다. 오랜 세월동안 그 딸에 대한 미안한 마음을 가슴속에 가지고 계셨다. 큰누님이 한 음식은 어머니께서 만든 음식 맛과 같다고 느껴진다. 누님은 그래도 어머니 음식 솜씨의 80% 밖에 안된다고 본인이 점수를 매긴다. 아내가 큰누님의 음식 솜씨를 많이 배워 비슷한 음식 맛을 내는 것이 내게는 행운이다.

어머니가 가장 괴로워하시던 모습을 본 것은 자식을 저승길에 앞세웠을 때이다. 1982년에 첫째 형님이 62세, 둘째 형님이 60세로 같은 해에 돌아 가셨다. 그때 어머니 연세 80세, 대체적으로 건강하였으나 역시 팔십노인이시라, 자식이 죽은 줄 알면 충격을 받지 않을까 하여 알지 못하게 했다. 그렇게 세월이 흐르고 있을 때 어머니께서 가만히 생각을 해보니 아래 자식들이 모여 이야기를 하면서도 큰아들, 둘째아들의 이야기가 나오지 않으니 이상했던 모양이다. 어느 날 남해에 갔을 때 어머니를 모시고 사는 5번째 형님과 내가 있는 자리에서 "사실대로 말을 해라. 애미가 자식 죽은 줄도 모르고 사는 것도 말이 아니다"라고 했다. 할 수 없이 첫째 형님, 둘째 형님이 돌아가신 것을 얘기 하자, 숨이 넘어 갈듯 절박하게 통곡을 하시었다. 그리고는 혼자 말처럼 "애미 앞서 죽는 것도 지 팔자다. 애미가 죽으라고 했나"라고 야박하게 말씀을 하셨다. 말씀이야 야박하지만 쓰린 마음이야 오죽 할까. 저런 강단이, 아무런 가진 것 없이 남편 손 끌고 시댁에서 나와 새살림 차려 10남매를 키운 힘이 아니겠는가. 우리들 속으로는 어머니가 슬픔을 떨쳐 버리려고 마음 다짐을 굳게 하는 것 같아 다행으로 생각했다.

어머님은 세수 94세 11월 10일, 은행잎이 떨어져 길 위를 노랗게 물들여 있을 때 이 세상을 떠나가셨다. 평소에 "나는 추울 때는 안

죽을 거다"라고 하시더니 춥지도 덥지도 않은 가을의 끝자락에 영면의 길에 드셨다,

국화꽃 속 영정이 지금 당장 입을 열어 얘기라도 할 것 같았다. "내가 살아 온 역사를 글로 쓰면 책이 몇 권이 될 것이다."라고 하시던 어머니, 기나긴 세월 어머님의 한 많은 역사는 어머님의 생과 함께 영원한 침묵 속에 묻혔다. 어머니의 말하지 못한 가슴 속 한을 백분의 일도 헤아릴 수 없는 것이 자식들이다.

어머님을 태운 꽃상여는 이별의 슬픔을 뿌리치기라도 하듯 노란 은행잎 깔린 신작로를 지나 가을이 깊은 한숨을 내쉬는 가을 산 속으로 접어든다. 빨강색 노란색으로 짙게 물든 단풍잎이 오늘 따라 어머님이 떠나는 길을 더욱 슬프게 한다. 인생이라는 긴 연극이 끝나고 장막이 내리듯, 꽃상여는 짙은 숲 사이로 사라지고, 깊은 산골짜기 상여꾼의 구슬픈 '상여소리'만 산울림 되어 길게 메아리쳐 갔다.

"욕심 내지말고 살아라"라는 것이 마지막 유언이 되었다. 욕심 없는 사람이 있겠는가. 그러나 욕심은 부리면 부릴수록 자신의 마음만 괴로운 것, 탐욕이 고통의 근본임을 다시 한번 깨우쳐 주신 것이다.

어머니는 가셨어도 마지막 말씀은 등대가 되어 가슴 속에서 영원히 꺼지지 않은 채 불을 밝히고 있다.

어머니의 전설

#1 정약국 손자

나는 어릴 때 정약국 손자라는 말을 자주 들은 기억이 있다. 열한 번째 태어난 나는 할아버지를 보지 못하였다. 내가 태어나기 전에 할아버지께서 돌아 가셨다고 했다. 그런데도 나를 가리킬 때 정약국 손자라고 한 것은 할아버지께서 한의원이었기 때문이다. 그때는 '한의사'라고 부르지 않고 '약국'이라고 불렀는데, 무림동네 정약국을 남해섬 안에서 모르는 사람이 없다고 했다. 천석군 부자집의 딸인 어머니께서 정약국집 삼형제 중 둘째 아들인 아버지와 결혼을 한 것도 유명한 정약국 할아버지 덕분이라 했다.

할아버지의 침술은 특히 뛰어 나셨다고 했다. 어미님 말씀이 그때는 지금의 머리카락처럼 가느다란 침이 아니라, 젓가락만큼 굵은 침을 놓았다고 한다. 다쳐서 들것에 실려 온 환자에게 침을 놓으면, 죽는다고 고함을 지르다가 침을 다 맞고는 걸어서 나갔다고 했다. 형님들 얘기로는, 한번은 목을 다친 환자가 왔는데 침을 목에 꽂는 것이 아니라 발에 꽂으니, 침이 꽂혀 있는 동안 삐뚤어진 목이 차츰 바로 되면서 그 자리에서 바로 통증도 없어지더라고 했다. 정말 신기한 침술이었나 보다. 그런 의술이니 남해의 섬 안에서 유명할 수밖에 없었을 것이다. 형님들은 그 신통한 침술을 왜 자손들에게 가르쳐 주지 않고 돌아 가셨냐고 원망하는 말도 했다.

내가 고등학교를 졸업하고 공무원이 되어 하동세무서에 근무를 할 때인 68년도 어느 날, 남해로 출장을 갔는데 농촌마을 쉼터에 앉아 계시던 노인이 "젊은이는 고향이 어데인가?"라고 물으시길래 "무림 정약국 손자입니다"라고 대답했더니 그 노인이 얼른 일어나면서 "아이고 정약국 손자냐!"라고 하는 것이었다. 내가 태어나기 전에 돌아가신 할아버지, 그리고 내 나이 스물이 넘은 지금에 이 노인께서 정약국이라는 말에 이렇게 나를 반갑게 대해 주시다니 정말 정약국이 유명하신 분이었나 보다. 전설 같은 이야기다.

#2 천석군집 암소

나의 외갓집은 천석군집이다. 추수하는 곡식이 천석이라 하니 무척 부잣집이라는 말이다. 가을에 소작인들이 소작료를 가지고 올 때는 곶감, 버섯, 벌꿀 등을 비롯해서 그 당시 시골에서 귀하게 생각하는 물품을 선물로 가지고 왔다.

외갓집에는 아주 잘 생긴 소가 있었는데 외할아버지는 그 소를 아껴서 수명이 다 할 때까지 키웠다고 했다. 그러던 어느 날부터 소가 먹이를 전패한 채 사흘간을 끙끙 앓더니 손바닥 크기의 노란 물질을 낳았다고 했다. 외할아버지는 그것을 받아보고는 "아! 우리 집

소가 우황을 낳았다"고 기뻐하셨다고 했다. 우황은 소의 쓸개에 병으로 인하여 생기는 물질인데, 웅담, 사향과 같이 귀한 한약재이다. 소는 수명이 다하는 날까지 주인에게 헌신한 것인가. 그 소는 우황을 낳은 직후 바로 죽었는데 외할아버지는 그 소를 뒷산에 묻어 주었다고 했다. 전설 같은 이야기다. 어머님은 우리가 감기가 들어 끙끙 앓으면 "우리 아들이 우황 낳을란가?"라고 놀렸다.

#3 엽전 똥

외갓집이 이사를 했다고 했다. 이삿짐을 다 옮기고 마지막으로 곡간에 쌓여있던 엽전(화폐)을 인부들에게 지게에 지고 가게 한 후 곳간 안을 들여다 본 외할아버지가 "우리 집 돈이 똥을 누었네" 라고 했단다. 곳간바닥에 산화철이 떨어졌던 모양이다. 엽전을 얼마나 쌓아 두었으면 곳간바닥에 산화철이 떨어져 있었을까. 쌓아 놓은 엽전이 무게에 눌려 똥을 누기 전에 가난한 사람들에게 좋은 일을 베풀었으면 좋았겠다. 전설같은 이야기다.

#4 집 지킴이

외갓집 뒤에는 시골집 방 하나 크기의 평평한 바위가 있었는데 외할아버지는 제삿날이 되면 음식을 한상 차려서 그 바위 앞에 갖다 놓았다고 했다. 그런데 어느 날 어머니께서 보니까 바위 위에 큰 구렁이가 똬리를 틀고 있는데 몸 굵기는 어머님이 베고 자는 베개만 하고, 머리에는 귀가 나있고, 배 쪽에는 쥐의 발처럼 생긴 발이 있었다고 했다. 어머님의 말씀대로라면 이야기로 들었던 이무기의 형상이다. 그런데 옛날이야기에 집을 지켜주는 지킴이 구렁이가 많이 등장하는데, 천석군의 부자인 외갓집에는 그 이무기가 집지킴이었던 모양이다. 그런데 그 지킴이가 밖으로 나와 사람의 눈에 브이면 그 집이 망한다고 한다. 전설같은 이야기다.

#5 상사뱀과 상사바위

남해 금산에는 상사바위라는 이름의 높은 바위가 있다. 바위 밑은 수 십 미터 낭떠러지이다. 옛날에 총각이 처녀를 너무 좋아하다가 그 사랑을 이루지 못하면 병이 나는 데 그 병명이 '상사병'이라 했단다. 얼마나 사랑했으면 병이 다 났을까?. 상사병이 나으면 다행이나 낫지 않고 죽으면 죽은 사람이 뱀이 되는데, 이 뱀을 '상사뱀'이라 했다한다. 그 상사뱀은 자기가 사랑하는 여자의 배에 딱 달라붙어 있는데, 때내어서 죽여도 또 생기고, 또 생기고 하여 절대 없어지지 않는다고 했다. 그런데 이럴 때는 그 사람을 상사바위 위로 데리고 가서 굿을 하면 붙어있던 상사뱀이 떨어져 땅으로 내려오는데, 이때 상사뱀을 상사바위 밑으로 던져버리면 두 번 다시 뱀이 나타나지 않는다고 한다. 만약 이렇게 해도 뱀이 떨어지지 않으면 처녀를 바위 밑으로 밀어 떨어뜨렸다고 한다. 그 시대에 처녀의 몸에 뱀이 붙어있으니 죽음을 당하는 길 밖에 없었던 모양이다. 어머님이 실제 상사뱀이 붙었던 여자를 봤는데 그 여자의 배와 가슴에 뱀의 허물자국이 새겨져 있었다고 했다. 전설 같은 이야기다.

세월이 너무 많이 흘러 어머님으로부터 들었던 이야기들이 전설이 되어 버렸다. 이제 그 전설을 들어 줄 사람도 없는 것 같다. 세상을 되돌아 가라하면 언제 적이 좋을까?. 어머님의 이야기를 듣던 그 시절로 되돌아가고 싶다. 어머님에게는 재미있는 이야기가 더 많았을 것이다. 어머님에게서 전설 같은 이야기를 듣던 그때가 인생에서 제일 행복한 때였다.

술 마중

청첩장! 자녀 결혼식 초청장이다. 청첩장을 매달 몇 개씩 받는 것 같다. 청첩장을 받으면 즉시 탁상 달력에 표시를 한다. 결혼 시즌인 가을에는 토요일, 일요일 날짜 위에 두개, 세 개의 결혼 일정이 적혀 있다. 매주 월요일이 되면 달력에 적어 놓은 결혼일정을 보고 기억하였다가 시간이 나면 결혼식에 참석도하고 참석을 못하면 축의금을 보내기도 한다.

나는 청첩장을 반가운 마음으로 받는다. 세상을 살면서 많은 사람과 알고 지낸다. 그러나 알고지내는 이상의 인간관계가 있는 경우에 내 자식이 결혼 한다고 청첩장을 보낸다. 그러한 사유를 생각하면 내게 청첩장을 보내는 사람과 나와의 인관 관계가 살아있다는 것만 생각해도 반가운 일이다.

청첩장을 받으면 축하의 마음과 함께 축의금을 전달한다. 상부상조相扶相助이다. 이는 옛날부터 내려오는 아름다운 전통이다. 적은 금액으로 축의금을 내지만 받는 사람은 약간의 도움도 되는 것은 사실이다.

옛날, 어려운 시절, 가정에서 경조사가 생기면 경제적으로 힘든 일이다. 그때 이웃의 상부상조의 전통이 발휘된다. 어릴 적 어머니는 이웃 동네 아는 집에서 혼사가 있으면 미리 부조 할 것을 그 쪽 집과 의논을 했다. 이번 혼사에 떡을 해서 부조를 할 것인가, 묵을 만들어 줄 것인가, 아니면 그냥 쌀을 얼마를 줄 것인가 의논을 해서 부조를 했다. 그리고 꼭 적어 두었다. 그러다가 우리 집에서 혼사가 있으면 적어 두었던 부조 목록을 보고 누구 집에서는 떡이 들어 올 것이고, 누구 집에서는 쌀이 들어 올 것이고, 누구누구 집에서는 소주가 몇 병이 들어 올 것이라는 것을 미리 계산하여 잔치 준비를 했다.

동네에 잔치가 있을 때 종종 보는 일이 있다. 술 마중이다. 지금은 듣기에도 참 어려운 단어이다. 동네에 잔치가 생기면 아버지께서 잘 다려져 있는 하얀 한복으로 차려입으신다. 그리고는 평소에 일하실 적에는 짚신을 신으시다가 잔치 집에 가실 때는 선반 위에 고이 얹어 놓았던 흰 고무신을 내려 신으시고, 신작로 가에 있는 가게에서 1.8리터 짜리 소주 한 병을 사서 손에 들고 잔치 집으로 가신다. 아버지 뿐 아니라 다른 분들도 소주병을 들고 잔치 집으로 가는 것이 보였다. 소주 한 병은 잔치 집 부조이다.

그런데 오후 3시가 넘어서까지 아버지가 오시지 않는다. 이때가 되면 어머니께서 나를 부른다. "아버지 술 마중 가거라". 잔치 집에 가신 아버지가 술이 취했을 것이니 가서 부축해 오라는 이야기이다.

옛날의 잔치 집 풍경은 영화나 텔레비전에서 보는 것처럼 마당에 멍석을 깔고 멍석 위에 상을 쭉 펴 놓고 하객을 맞는다. 하객은 모두 잘 아는 이웃집, 이웃 동네 사람들이라 같이 간 사람끼리 앉아서 밥도 먹고 술도 마신다. 그런데 하객이 계속 오는데서 문제가 생긴다.

음식을 먹고 일어서려는데 윗동네 사는 사람이 들어 와서 오랜만에 만났다고 붙잡는 바람에 도로 앉아서 한잔하고, 또 일어나서 오려는데 아랫동네 아는 사람이 반갑다고 붙잡는 바람에 한잔하고 이러다 보니 주거니 받거니 술이 만취가 되는 것이다.

내가 잔치 집에 도착하면 아버지 뿐 아니라 술이 많이 취하신 분이 여러 분 계신다. 물론 잔칫집에서 술을 잘 못 먹는 분은 어떤 방법을 써서라도 술자리를 피하지만 술을 좋아하고 많이 마시는 아버지 같은 분은 오랜만에 만난 사람과 술잔을 주거니 받거니 하여 술이 취하지 않을 수가 없다.

아버지는 술이 많이 취하셔서 다른 사람들과 이야기를 하시다가도 내 얼굴을 보시면 이야기를 중단하고 술자리에서 일어서신다. 막내아들이 술 마중을 온 걸 보고는 자신이 얼마나 취했는지 속으로 계산도 해 보고, 또 술 마중 보낸 아내 얼굴도 생각해 보는 것 같았다. 아버지의 술 마중은 내가 아버지를 부축해 모시고 오는 것이 아니라, 뚱띵이 영감님 손만 붙잡고 집으로 오는 것이다. 꼬맹이 막내아들 손에 이끌려 터벅터벅 걸어오시던 뚱띵이 아버지……. 돌아보면 그때는 동네에 혼례라도 있는 날이면 온 동네가 잔치를 하는 것 같았다.

아버지의 유전자를 타고 난 덕분에 누구를 만나더라도 술자리를 피하거나 내게 주는 술잔을 거절해 본 적이 없다. 술이 많이 취해 아들의 부축을 받아 본 일은 없지만 술이 취해 터벅터벅 걸을 땐, 술 마중 온 막내아들 손을 잡고 집으로 오시던 아버지의 마음을 아버지가 되어 상상해 본다.

연극 『먼동이 틀 때』

잘 생긴 형님들이 지나간다. 하얀 얼굴에 흰 와이셔츠를 입은 모습이 삼베 잠뱅이를 입고 햇볕에 새까맣게 그을린 시골 꼬마 녀석들 눈에 무척 멋있어 보였다. 도회지에 있는 대학교에 다니는 학생들이 방학 때가 되어 농촌 계몽운동을 하러 온 것이다. 50년대, 60년대 여름방학 때면 시골 농촌에서 흔히 보던 모습이다. 지금의 젊은 세대는 대학생이 농촌을 계몽한다니 무슨 말인가 싶을 것이다. 요즘은 계몽을 하는 것이 아니라, 농촌에 가서 삶의 체험을 하고 배워야 한다. 세상 참 많이 변했다.

50년대 보릿고개에는 하루에 세 끼를 잇지 못하고 굶는 집이 많이 있었다. 방앗간에서 쌀 방아를 찧어 오는 날이면 이웃집 아주머니가 채를 들고 우리 집으로 왔다. 겨껍질을 채로 쳐서 부드러운 쌀겨를 골라다가 개떡을 해 먹겠다는 것이었다. 그렇게 가난하지만 농촌에서 돈을 벌 수 있는 일이 아무것도 없었다. 가난할 수밖에 별다른 길이 없었다.

국민들의 삶이 그렇게 어려웠던 시절인 5.16혁명 직후, 미국에서 밀과 밀가루 원조가 나왔다. PL-480!. 장기식량계획, 다시 말해 미국의 잉여농산물을 'MSA(Manual Security Act-402조)'란 법에 의해 가난한 나라인 대한민국에 원조 해주는 것이다. 장기식량계획이란 밀과 밀가루를 무료로 원조를 하고, 그것을 받은 국민들이 밀가루로 된 음식을 먹고 그 맛이 입에 익어 소비가 늘게 되면 그때는 대가를 받고 판매하는 계획이다. 미국의 계획이야 어떻든 굶고 있는 형편에 공짜로 먹을 것을 주니 얼마나 고마운 일인가.

정부에서 그것을 가지고 국민들에게 일을 시키기 시작했다. 마을 청소도 시키고, 도랑도 치우고, 도로도 고치는 작업을 하게하고 품삯으로 밀이나 밀가루를 지급한 것이다. 끼니를 잇지 못하는 국민들에게 밀과 밀가루는 큰 힘이 될 수밖에 없어 모두들 열심히 일하러 나갔다. 이렇게 일을 하기 시작한 것이 마을별로 자조, 자립, 협동의 슬로건 아래 새마을 운동으로 발전하였다.

중학교 2학년 때 일이다. 5.16혁명이 일어난 지 2년 쯤 되는 때이라, 잘 살아 보자라는 기치 아래 계몽운동이 활발히 전개되고 있는 시기였다. 어느 날, 학교에서 연극배우를 뽑는다는 것이다. 교실로 가보니 부산에서 오신 낯모르는 분들이 있었다. 영화에도 출연한 배우라고 했다. 그분이 쓴 희곡을 가지고 학생들이 연극을 할 것이라고 했다.

연극의 제목은 「먼동이 틀 때」. 순수한 농촌 계몽활동을 하는 내용이었다. 군대에서 부상을 입어 한쪽 다리를 잘 못 쓰는 젊은이가 실의에 빠져있던 중 마음을 고쳐먹고 마을 사람들에게 계몽운동을 시작하게 된다. 처음에는 취지를 모르는 아버지를 비롯한 마을 사람들로부터 비난과 조롱을 받는다. 그러나 술 마시지 않기, 노름하지 않기 등의 계몽운동과 마을길도 넓히고, 재건사업도 열심히 하여 마을을 잘 살게 만들어, 마침내 계몽운동이 성공을 거두자 동네 사람들이 모두 한마음으로 화합하고 축하를 하는 것으로 끝을 맺는 줄거리였다.

나는 배우에 뽑혔다. 뽑힌 학생은 7명인데 일주일 동안을 돌아가며 희곡을 읽고 난 다음 배역을 정하였다. 내가 받은 배역은 홀로 사는 아버지다. 아들 한명, 딸 한명은 3학년 학생이 맡았다. 내가 3학년 학생의 아버지가 된 것이다. 연습은 거의 한달 가량 한 것 같다. 지금 생각하면 영화배우 출신이 연출을 하여 연기 지도는 잘 받았던 것 같다.

연극을 하는 날이다. 얼굴은 화장을 짙게 하고 주름까지 그려 넣어 완전히 노인 얼굴로 만들고, 머리에는 탕건을 쓰고, 흰 바지저고리를 입으니 영락없는 옛날 시골 영감이다. 그런데 갑자기 배가 아픈 것 같았다. 그래서 친구에게 우리 어머니를 불러 달라고 부탁을 했다. 어머니가 저만치 오시길래 내가 "엄마!"하고 불렀다. 어머니는 아들의 목소리는 들리는데 아들이 보이지는 않으니 두리번거리고 계셨다. 그래서 내가 어머니 옆으로 가서 어머니의 팔을 잡으며 "엄마!" 했더니 어머니께서 소스라치게 놀라는 것이었다. 왠 낯선 영감이 팔을 잡으며 엄마라고 했으니 얼마나 놀랐겠는가. 지금 생각해도 웃음이 나오는 광경이다.

지금이야 텔레비전이 있고 영화도 자주 보며 문화생활을 즐기고 있지만, 그때는 텔레비전이라는 이름도 못 들을 때였다. 영화는 어쩌다 1년에 한두 번, 시장 공터에 천막으로 울타리를 가려 가설극장을 만들고, 그 안에서 상영하는 영화가 있었는데 시골에서 영화를 보는 사람은 몇 명밖에 없었다. 그러니 영화는 고사하고 연극을 보는 것이 처음인 사람도 많이 있었다. 중학생이 하는 연극이었지간 신기하고 재미있을 수밖에 없었다. 요즘 사람들이 영화 보는 것과는 비교를 할 수도 없게 훨씬 재미있게 느꼈을 수도 있다.

연극의 클라이맥스 부분에서 아들의 계몽운동이 성공을 거두어 마을에서 잔치가 있는 날 홀로 외로워하는 아버지를 본 아들과 딸이 "이럴 때 어머님이 살아 계셨더라면 아버지께서 얼마나 기뻐하실까?"하는 대목에서는 눈물을 흘리는 관객이 많이 있었다. 모두가 정말 순수한 마음으로 살았던 때이다. 연극은 인근 3개 학교를 순회 공연하고 막을 내렸다.

연극이 끝난 뒤의 일이다. 내가 극중의 노인이란 걸 안 초등학교 꼬마들이 길을 가다가 나를 만나기만 하면 "영감! 영감!"하면서 신작로 길을 200미터 정도나 따라 오는 것이었다. 그 꼬마들도 연극을 보고 감동했던 모양이다. 또 한 번은 동네 길을 가다가 할머니 한분을 만나 인사를 했더니, 그 할머니가 너댓명 되는 자기의 친구들을 손짓으로 막 부르면서 "여보게, 이리들 와 보게. 아이고, 이 학생이 그 영감이라네, 신기하네!"하면서 나를 한참을 붙잡아 세워 놓았다. 나는 부끄럽기도 했지만 나를 알아 봐 준다는 뿌듯함에 얼굴을 붉히기도 하였다. 그 할머니들은 남편을 먼저 저 세상으로 보낸 분들이었다. 연극 속에 혼자 외로워하는 노인을 보니 저 세상으로 떠난 영감님이 생각났던 모양이다.

보릿고개에 끼니를 잇지 못해 배를 곯던 일, 학생들의 연극이 지금의 영화 보다 더 재미있던 일은 넘쳐나는 풍요와 화려한 문화에 젖어 사는 요즘 사람들에게 전혀 실감이 나지 않는 옛날이야기이다. 그러나 오늘의 번영이 있기까지 존재했던 사실이요, 역사이다.

세상이 아무리 변하여도 이러한 사실과 역사는 결코 끝난 이야기가 아니다.

(2019. 4. 24.)

스승님의 추억

인생길에 부모님만큼 선생님의 은혜도 크다. 코흘리개가 학교 교문을 들어서 머리가 자라고 지식이 크게 성장토록 가르쳐 주신 선생님을 잊고 지내다가도 스승의 날이면 지난 날 가르침을 받은 선생님들을 떠올려 보게 된다.

나는 많은 선생님들 중에 고3때 음악선생님을 자주 머리에 떠올리는 편이다. 서울사대를 졸업하신 여자 선생님이었다. 남자 선생님 후임으로 오셨는데 남자 선생님이 피아노를 치면서 음악을 가르치다가 여자 선생님이 오시니 학생들이 긴장하는 분위기였다. 특히나 선생님은 눈이 큰 것이 특징이었는데, 처녀인데다가 큰 눈이 마주치면 얼굴을 마주보기가 어려웠던 기억이 난다.

첫 음악시간이었다. 좌석은 번호 순이니까 키가 큰 학생들이 뒷줄에 앉았다. 뒤에 앉은 학생 한명이 갑자기 "선생님, 째즈 한곡 부탁 합니다"라고 했다. 전근을 가신 남자 음악 선생님은 음악시간 중간에 피아노로 째즈를 연주해 들려주던 때가 있어 그렇게 말했더니 갑자기 호통이 떨어졌다.

두 번째 음악시간이었다. 음악실에 가니 선생님께서 뒷 번호 순서대로 자리에 앉으라고 했다. 키 큰 학생이 앞줄부터 앉았다. 그러더니 지난시간에 배운 노래로 부르기 시험을 본다는 것이었다. 지난 시간에 배운 노래는 '장안사'라는 곡이었다. 뒤에서 장난하던 학생들은 지난 시간에 무슨 노래를 배웠는지도, 제목도 모르는 학생도 있었다. 학생 몇이 앞으로 나갔는데, 제대로 부르는 학생이 한명도 없었다. 나는 음감이 조금은 있는 편이라 노래를 제대로 다 할 수 있었다. 선생님의 반주에 맞추어 끝까지 불렀더니 나중에 보니 점수가 99점이었다. 세상에, 선생님이 나를 얼마나 잘 봐 주신건가? 많은 점수에 속으로 깜짝 놀랐다.

그 해 가을이었다. 진주농대(현:경상대학교)에서 거행하는 고교배구대회에 출전하기 위해 한창 연습을 하고 있는데, 선생님이 나를 찾는다는 것이다. 음악실로 갔더니 선생님 혼자 계셨다. 음악시간 외는 마주 해보지 않은 여자선생님과 단 둘이 있으니 무척 쑥스러웠다. 나를 오라고 한 것은 다름이 아니라, 이번 가을에 마산 성지여고에서 서부 경남 학생학예발표회가 있는데 독창부문에 참가 하자는 것이었다. "아이쿠, 선생님, 안됩니다. 저는 노래를 못합니다." 깜짝 놀라 극구 사양을 했지만 선생님은 막무가내로 "네가 노래를 참 잘한다."고 하면서 꼭 나가야 한다는 것이었다.

선생님이 워낙 강력히 말씀하시니 어쩔 수 없이 노래 연습을 했다. 노래는 지정곡이 있고, 지정곡을 불러 예선을 통과하면 자유곡을 부르도록 되어 있었다. 지정곡은 '경남의 노래'였다.

"보아라 신라가야 빛나는 역사, 흐르듯 잠겨있는 기나긴 강물, 오호 낙동강, 오호 낙동강, 전통에 빛나는 우리의 낙동강"

바리톤 현재명이라는 성악가가 부른 노래인데 처음 듣는 곡이었다. 그런데 내가 생각하기에는 곡 자체가 내 목소리와 맞지 않았다. 이 곡은 낮은 저음인 바리톤에 어울리는 곡인데 어중간한 내 목소리로 부르기에는 여간 어려운 곡이 아니었다. 그런데 선생님은 잘 부른다고 하면서 예선에 통과될 것으로 생각했는지, 자유곡으로. '봄처녀' '내마음' 두 곡도 열심히 연습을 시켰다.

봄처녀! 작곡가 김동진선생이 자신의 초등학교 은사이신 김동명 선생의 시를 가사로 1944년 작곡한 것이다.

"봄처녀 재 오시네. 새 풀 옷을 입어셨네. 하얀 구름 너울 쓰고, 진주이슬 신으셨네. 꽃다발 가슴에 안고 뉘를 찾아 오시는가."

혼자서 부르는 노래 소리가 텅 빈 음악실 안에서 메아리쳐 갔다. 처녀 선생님이 쳐주시는 피아노 반주에 맞춰 부르는 내 노래에 내가 마치 봄처녀가 된 것같이 꽃구름 타고 두둥실 파란 하늘로 오르는 기분이었다.

내 마음! 노산 이은상선생이 23세에 지은 시조에 1932년 홍난파 선생이 작곡한 것이다.

"내 마음은 호수요, 그대 노 저어 오오. 나는 그대의 흰 그림자를 안고 옥같이 그대의 뱃전에 부서지리다. 내 마음은 촛불이요, 그대 저 문을 닫아주오. 나는 그대의 비단 옷자락에 떨며 고요히 최후의 한 방울도 남김없이 타오리다. 내 마음은 나그네요, 그대 피리를 불어주오, 나는 달 아래 귀를 기울이며, 호젓이 나의 밤을 새이오리다. 내 마음은 낙엽이요, 잠간 그대의 뜰에 머무르게 하오. 이제 바람이 불면 나는 또 나그네 같이 외로이 그대를 떠나가리다."

나는 노래를 부르며 호수가 되고, 촛불이 되고, 나그네가 되고, 낙엽이 되었다. 파란 호수에 옥 같은 물방울이 되기도 하고, 바람에 팔

랑거리는 촛불이 되기도 하고, 외로운 나그네, 뜰 아래 조용히 떨어진 낙엽이 되어 상념에 젖기도 했다. 내 자신이 노래를 잘하고 못하고를 떠나, 아름다운 가사와 피아노 선율에 도취되어 있었다. 내가 가사의 주인공이 되어 아름다운 꿈의 세계를 거닐었다.

선생님으로부터 이렇게 지도를 받으며 노래를 해 보니 그냥 혼자서 내 기분대로 노래하는 것과는 확연히 달라져 갔다. 내가 생각해도, 처음 연습을 시작할 때보다는 박자와 음정이 정확해 진 것은 물론이요, 목소리에 감정이 실려 노래가 훨씬 성숙하고 맛깔스럽게 변했다는 생각이 들었다.

마산에 있는 성지여고로 갔다. 강당 안에는 서부 경남 각지 중,고등학교에서 독창, 합창에 참가하기 위해 온 학생과 응원 겸 구경을 하러 온 학생들이 많이 와 있었다. 거의가 여학생이고 남학생은 아주 적은 숫자인데, 고등부에 참가한 남학생은 창녕농업고등학교와 마산고등학교, 그리고 남해수산고등학교 학생인 나와 총3명이었다. 그 많은 여학생들을 보고 있으니 배구연습을 하느라 가을 햇볕에 그을려 새까만 내 얼굴이 부끄럽고 쑥스러웠다.

여학생의 지정곡은 '4월의 노래'였다. '목련꽃 그늘 아래서 밸텔의 편질 읽노라, 구름꽃 피는 언덕에서 피리를 부노라.' 4월의 화사한 봄날처럼 아름다운 곡과 가사에, 소프라노의 꾀꼬리 같은 목소리다. 내가 아무리 좋게 들어 주어도, 남학생이 부르는 노래는 여학생의 노래와 비교가 되지 않았다. 남학생의 지정곡은 곡 자체가 어려워 여간 잘 부르지 않고서는 좋게 들리지가 않고, 그리고 좋은 점수를 받을 수 없다고 생각했다. 지정곡이 끝난 뒤에 나의 예상처럼 남학생 3명은 전원 탈락이었다. 지정곡에서 뽑혀야 자유곡을 부를 수 있는데, 지정곡을 통과하지 못하였으니 자유곡을 부를 기회는 없었다.

삼천포에서 남해로 오는 정기 여객선에 올랐다. 파란 물위에 점을 찍어 놓은 듯이 섬들이 많이 있는 다도해 남해바다는 역시 아름다웠다. 푸른 바다 위를 나르는 하얀 갈매기들의 날갯짓이 더 없이 자유롭다. 가을 햇살이 내리는 배 위에서 선생님과 같이 아무 말 없이 바다를 바라보았다. 비록 예심에도 통과하지 못했지만 음악실에서 열심히 연습을 한 기억, 성지여고 강당의 높은 무대 위, 수많은 여학생 앞에서 노래한 나의 모습, 되돌아 생각하니 웃음이 나왔다. 남에게 알리지 못하고 내 가슴 속에만 간직한 행복의 웃음이었다.

선상에서 바람에 머리카락을 날리며, 먼 바다를 보고 계시는 선생님을 한참을 바라보았다. "아이쿠! 선생님, 안됩니다. 저는 노래 못 부릅니다."라고 하는 나에게 노래를 잘 한다고 응원하여 용기를 주시고, 연습을 시켜 독창대회에까지 데리고 가신 것을 생각하니 가슴 뛰도록 고마운 생각이 들었다. 남해에 도착하여 배에서 내리는 순간 가을빛 석양이 더욱 더 아름다웠다.

세월이 흘러 인생 칠십의 나이를 넘긴 지금도 그날의 추억이 가슴 속에 완연하다.

(2019. 4. 10.)

부고訃告를 받고

부고! 죽음을 알리는 통지문이다.

L세무사님의 사모님께서 돌아가셨다는 부고를 받았다. 오랜 병석에 계셨는데 낫지를 못하고 결국 세상을 떠나셨다. 부고를 받고 무척 안타까웠다. 사랑하는 사람을 머나먼 곳으로 보내고 얼마나 마음이 아플까. 헤아려 보니 내 마음이 아프다. 아는 사람의 부고를 받을 때마다 죽음이라는 단어가 진하게 다가온다. 내 자신도 나이가 들어서인가.

부부는 하늘이 맺어 준다고 말한다. 세상에 많고 많은 사람 가운데 남녀가 만나 당신은 남편, 당신은 아내, 이렇게 부부가 되고, 정들어 자식을 낳고 한평생을 사는 것은 하늘이 정해 주지 않고서야 어찌 그리 오랜 세월을 여보, 당신 살아 갈 수 있겠는가.

부부라는 이름으로 같은 배를 타고, 삼신할머니 점지 해 준 자식을 낳아, 핏덩이 자식이 커가며 부리는 재롱도 보고, 장성하여 제 짝을 만나 가정을 꾸리며 사는 모습을 보면 행복을 느낄 때도 있다, 그러나 자식들이 시집 장가 다 가고 나면 그 때부터는 왠지 껍데기만 남은 것 같은 감정으로 부부는 등을 기대며 살아간다. 그러다, 칠십 고개 넘어 아내나 남편이 죽으면 남아있는 사람은 한쪽 어깨가 떨어져 나간 것처럼 아플 것이다. 저녁이 되어 아무도 없는 텅 빈 집으로 들어 갈 때의 그 처절한 마음은 본인이 아니고는 알기가 어렵다.

생노병사生老病死, 사람이 태어나면 결국은 죽는다. 이 철칙의 굴레를 벗어나는 사람은 아무도 없다. 사는 동안 제 아무리 얼굴이 잘 생긴 사람, 무소불위의 권력을 가지 사람, 세상을 다 살 수 있을 것 같은 부富를 가진 사람도 죽지 않고 영원히 사는 사람은 없다.

위대한 극작가 셰익스피어는 "지구는 무대요, 인생은 연극이다."라고 했다. 세상을 사는 동안 각자 맡은 역할에 따라 행동하는 배우가 되었을 뿐이다. 학자로, 정치인으로, 사업가로, 수많은 종류의 직업과 역할들!. 스스로 선택한 역할도 있지만 전혀 선택도 희망도 하지 않은 경우도 있다. 좋은 역할을 맡은 사람은 행복한 생활을 누리고, 나쁜 역할을 맡은 사람 어렵고 힘든 인생을 살아간다. 희극도 있고 비극도 있다. 그러다가 해야 할 역할의 시간이 끝나면 검은 장막과 같은 죽음의 어둠 속으로 사라진다.

부고를 띄우는 날은 죽음 가운데 있다. 죽음은 무서운 것이다. 검은 두루마기를 입은 저승사자와 동행하는 날이면 이승은 끝이다. 이승의 모든 인연과 이별이다. 사랑하는 남편과 아내, 깨물어도 아프지 않은 것 같은 내 자식들, 내 친구들, 좋은 사람들, 모두 헤어져야 한다. 내가 즐거이 했던 일들, 기쁘게 찾아갔던 아름다운 곳, 내가 아끼는 물건들, 이 모든 것들을 가질 수도 만질 수도 없이 끝이 난다.

생각해 보면 살아 있다는 현실이 기적이다. 오늘 하루가 기적이다. 아침에 눈을 뜨면 사랑하는 아내, 가족, 친구, 내가 아는 모든 사람들을 만난다, 얼마나 소중하고 귀한 인연인가. 서로 사랑하고 아끼며 사는 것은 참으로 아름답고 행복한 일이다. 무덤덤하게 느끼며 지나가는 하루의 일상 속에 모든 행복이 함축되어 있다.

불가에서 사람이 사는 세상을 괴로움이 있는 곳, 고해라고 한다. 그러나 살아가는 일이 꼭 힘들고 괴로운 것만은 아니다. 햇빛이 비치는 곳에 양지와 음지가 있듯이 일평생 동안 어려움도 있지만 기쁘고 즐거운 일도 수 없이 많이 있다. 살아온 날들을 되돌아보면 슬픈 날 보다는 기쁜 날이 훨씬 많이 있다. 힘든 날 보다는 즐거웠던 날들이 더 많았을 것이다. 한없이 행복했던 날들이 셀 수없이 많았을 것이다. 삶은 행운이요, 행복이다.

살아있는 날까지 서로 아끼며 사랑하자. 날마다 만나는 좋은 사람들을 반갑게 만나자. 내가 하는 일들을 소중히 여기고 즐거워하자. 이제 내가 세상을 떠난다 해도 후회 없는 날들을 살아가자. 그래서 이 세상 끝나는 날, 나는 행복하였다고, 모두에게 감사하다고 말할 수 있게 하자. 저 세상에 가서 또 다시 인연이 되면 태양이 찬란히 빛나는 이 아름다운 지구별, 웃음과 행복이 가득한 이곳에 다시 태어나리라.

(2020. 5. 30.)

누님을 보내고

“삼촌, 어머니께서 위중하시니 오셔서 얼굴이라도 보시겠습니까?” 전화를 받고 아내와 같이 D병원으로 갔다. 누님은 의식이 없이 산소호흡기에 의해 가느다란 숨길만 이어가고 있었다. 의식이 없어지자 의사선생님이 산소 호흡기를 꽂을 것인가를 물어 자식 된 입장에서 박절하게 거부할 수 없었다고 했다. 그 상황은 충분히 이해가 되었으나 사실 산소 호흡기에 의지해 숨만 쉬고 있는 것이 살아 있는 것인가. 연세는 많지만 그래도 누님이 세상을 떠나시려나 생각하니 정신이 먹먹하다. 아무 의식 없는 누님의 얼굴을 손으로 쓰다듬어 보고 멍하니 서있다 돌아 왔다.

이틀 뒤 조카로부터 전화가 왔다, 우리가 갔던 다음 날 새벽에 누님이 숨을 거두어 당일에 가족끼리 장례를 치렀다고 했다. 코로나-19 문제도 있고, 가정 형편상 일체 연락을 않고 가족들만 모여 장례를 마쳤다는 것이다. 조카의 그 목소리가 끝나기도 전에 갑자기 눈물이 쏟아졌다. 병원에서 산소호흡기로 숨을 쉬며 누워있는 누님을 볼 때는 그래도 아직은 살아있나 싶어 이렇게 슬픈 감정은 없었는데 이 세상을 영원히 떠났다는 말을 들으니 눈물이 계속하서 나오는 것이었다.

누님은 우리 형제 중 세 번째 태어나신 분이다. 아주 먼 옛날, 우리가 상상조차 하기 어려운 1930년 일제시대에 태어났다. 어머니는 16세에 시집을 와 고된 시집살이를 했다. '고추당초 맵다 해도 시집살이 더 맵더라'. 우리 어머니가 자주 불러 내가 어릴 적부터 들은 노래다. 첫째 자식을 열여덟에 낳고 고추보다 더 매운 시집살이를 하던 어머니가 둘째 자식을 낳고는 남편의 손을 끌고 이웃동네에 방 한 칸을 빌어 살림을 나왔다고 했다. 말이야 쉽지만 어머니의 그 고생이 오죽했겠는가. 그 때에 누님이 태어 나셨다.

어머니 살아생전 간혹 누님의 이야기를 했다. "내가 느그 누나에게는 참 모질게 했다. 가시나라고 학교도 안보내고, 내가 일하려 가면 여덟 살짜리가 동생 업고 밥도 했다."라고 하고, 열여덟 살이 되어 시집보냈더니 친정에 오면 가지 않으려고 하는 딸을 매몰차게 쫓아 보낸 일도 이야기 했다. 누님의 시집은 우리 집으로부터 20리 떨어져 있는 곳이다. 그때는 차도 없어 자갈길을 걸어서 가야 하는데 어머니한테 쫓기어 가기 싫은 시집으로 가는 누님의 발걸음이 얼마나 무거웠을까. 돌아가는 산굽이굽이 마다 눈물을 뿌렸을 것이다.

어머니의 누님에 대한 이야기는 진정 딸에 대한 미안함이요, 가슴을 찢는 후회의 말씀이기도 하다. 누가 자식에게 못해주고 싶을까. 시집에서 살림을 따로 나올 때 숟가락 하나 가지고 나오지 않았다니 없는 살림에 어머니나 아버지는 얼마나 고되게 많은 일을 하셨을까. 아침부터 해질 때까지 허리 한번 못 펴고 황소처럼 일을 해야만 했다고 한다. 들판에서 일하다가 뱃속의 애기가 나오려 하면 집으로 와 아무도 없는 방에서 기저귀도 없이 입고 있던 속바지를 벗어 애기를 낳았다고 했다. 일어나 미역국을 손수 끓여 먹고, 몸조리 할 틈이 없어 사흘을 누워있어 본 일이 없었다고 했다.

이렇듯 고된 생활이었으니 태어난 어린 자식은 돌 볼 시간이 있을리 없다. 어린 애는 위의 형, 누나가 돌봐야 하고, 저 혼자 강아지처럼 뒹굴며 커야 했다. 그러니 여덟 살 누나가 동생을 업고 키워야 하고, 밥도 해 먹여야 했을 것이다. 그렇게 10남매가 컸으니 그 시절의 처절한 현실이 눈에 선하다. 가끔 누나는 다섯째 형에게 "너는 어릴적 엄청 울어대서 나를 너무 힘들게 했다"고 핀잔을 주기도 했다.

10남매가 강아지처럼 뒹굴며 컸다고 하지만, 초근목피로 연명해 가던 그 어려운 시절에 열 자식을 키우는 부모의 고생은 글로 다 못 적을 것이다. 먹이랴 입히랴, 그리고 가르칠 만큼 가르치랴, 뼈와 살이 녹았을 것이다. 실은 자식들은 부모의 피와 살을 뜯어 먹고 큰 것이다. 부모의 애간장을 빨아 먹고 자란 것이다. 힘들게 키웠으나 성장한 뒤에 열자식이 부모님을 기쁘게 한 일이 별로 기억에 없다. '가지 많은 나무 바람 잘 날이 없다'고 부모님이 자주 쓰시던 속담이다.

내 일생 살아 온 날을 되돌아보면 형제간이 다 살아 있고 어머니가 살아 계실 그 때가 제일 행복했던 것 같다. 고향집에 형제들이 모이면 마음이 왠지 든든하다. 자식들이 오면 어머니 얼굴에도 웃음꽃이 핀다. 시골집 온돌방에서 어머니의 신기한 손맛, 자식을 사랑하는 정성이 깃든 맛있는 음식을 나누어 먹으며 이야기를 나누던 그때가 인생에 제일 행복했던 것 같다.

이제 누님과는 우리 형제 10남매 중 여덟 번째로 이별을 한다. 첫 번째 세상을 떠신 분은 1982년 맏형님이시다. 두 번째는 같은 해 둘째 형님이 세상을 뜨셨다. 그때 건강이 좋지 못한 80 고령의 어머님에게 형님들의 사망 사실을 숨기느라 별 쇼를 다 했던 기억이 난다.

이번 누님과 이별을 하고나니 먼저 가신 형제들 보다 마음이 더 아프다. 부모의 몸을 빌린 인연으로 형제라는 이름으로 세상을 살았다. 형제는 세상에 살았을 때만 형제인가. 모습도 없고 형님, 누님 불러도 대답이 없다. 사람이 세상에 온 것은 소풍 나온 것이라고 한다. 형제로 태어나 형님, 누님들과 소풍을 즐겁게 지낸 것인가. 돌아가신 형님과 누님들을 생각하며 명복을 빌어 본다.

누님! 저승에 가서 어머님 만나거든 마음속에 있던 말 시원하게 다 하세요. 내 안부도 전해주고. 누님의 미소가 눈에 선하다.

(2020. 11. 5.)

인공관절 수술

나는 나이에 비해 나름 운동을 많이 하는 편이다. 젊어서부터 아침에 일찍 일어나는 습관이 있다. 아침 6시 전에 목욕탕에 도착하여 목욕탕 2층에 있는 헬스장으로 간다. 런닝머신을 먼저하고, 그 다음 순서대로 근력운동을 한다. 양쪽에 10kg를 올린 벤치프레스(벤치에 누워서 하는 역도)를 3셋트 도합 100회 쯤 한다. 한 시간 쯤 하면 옷이 땀에 베고 아침 운동으로는 넉넉히 하는 편이다. 저녁에는 운동장을 돌고 그리고 시간나면 걷는 편이다.

그런데 무릎이 좀 아팠다. 아플 때면 TV에서 선전하는 파스도 붙이고, 병원을 찾아가 주사도 맞았다. 그리고 허벅지 운동을 많이 했다. 그렇게 지내는데 갑자기 무릎이 뻘겋게 붓는 것이었다. 자세히 보니 다리도 많이 휘어져 있다. 즉 O자형 다리가 되어 있는 것이다. 할 수없이 S정형외과를 찾아 갔다. MRI 촬영을 했더니 오른쪽 무릎 연골이 다 닳아서 위, 아래 뼈가 붙어 있는 것이 완연히 보였다. 의사선생님이 "이 정도면 아파서 어떻게 걸었냐?"고 물었다. 이 상태는 수술 외는 다른 치료 방법이 없다고 하여 오른 쪽 무릎은 인공관절 수술을 하고, 왼쪽 무릎은 연골만 시술을 하기로 했다.

깊은 잠에서 깨어났다. 수술에 대한 마취를 허리 아래만 하여 잠자게 해 달라고 했더니 수술이 끝나자 잠에서 깬 것이다. 그런대 수술한 자리가 너무나 아팠다. 통증을 완화시키는 무통이란 것을 달았더니 이번엔 완전 멀미하는 것 같아 도로 때어냈다. 진통제 주사를 계속 맞았다. 다리에 조금만 힘을 줘도 표현을 할 수 없을 정도로 통증이 왔다. 너무 아프니 배도 같이 아픈 것 같았다. 밤이 되어도 통증은 계속되고 잠도 오지 않아 수면제를 먹어야만 겨우 잠이 들 수 있었다.

코로나-19로 병원 출입을 엄격히 통제하였다. 보호자도 평일 방문시간은 오후 6시에서 8시까지이다. 아내가 와서 8시가 넘었는데도 나가지 않으면 입구에 근무하는 직원이 인상을 쓰고 야단이다. 옛날 병원에 입원을 했을 때에는 아는 사람들이 심심찮게 병문안을 왔었다. 그래서인지 병원에 입원을 했어도 지루하거나 갑갑한 느낌을 가진 일이 별로 없었는데 이번에는 통증이 심했던 이유도 있지만 하루 종일 있어도 병문안 오는 사람이 한명도 없으니 갑갑하기가 마치 감옥에 갇혀있는 것 같은 기분이다.

하나 더 괴로운 것은 일주일이 지날 때 쯤 부터 무슨 이유인지 몰라도 갑자기 코에서 하수구 냄새 같은 것이 나기 시작했다. 숨을 크게 쉬면 더욱 심하게 나는 것이다. 그리고 식사시간이 되어 식판을 싫은 운반차가 엘리베이트에서 내리는 소리가 들리기만 해도 하수구 냄새가 나고, 식판을 받아 반찬이나 국그릇의 뚜껑을 열면 음식 냄새 대신 하수구 냄새가 코에서 났다. 그러니 식사를 할 수가 없다. 밥그릇에 물을 부어 억지로 절반 쯤 먹었다. 시간이 조금 지나면 뱃속이 비어 기운을 차릴 수가 없었다. 항암치료를 받는 분들이 치료를 받고 나면 코에서 하수구 냄새가 나서 식사를 못한다는 말을 들은 일이 있는데 이런 것인가 하고 생각했다.

내 몸에 칼을 대는 수술은 이번이 세 번째이다. 아무리 의술이 뛰어나다고는 하지만 원래보다 좋게 하는 수술은 없을 것이다. 이번 수술을 하고 확연히 느끼는 것은 체력이 영 따라 주지 못하는 것이다. 수술에 따라 다르겠지만 예전의 척추수술 때 보다 훨씬 힘이 든다. 체질도 변했는지 무통도 몸에 맞지 않는다. 기운을 차리지 못하고 정말 허약한 환자이다. 세월에 이기는 장사가 없다고 하더니 그동안 나도 나이를 먹어 체력이 많이 떨어졌음을 실감하였다.

퇴원을 하여 집에 오니 감옥에 있다 출소한 사람의 기분이 이런 것인가. 해방감과 편안함은 물론이거니와 아내가 해 주는 음식이 몸에 힘을 절로 솟게 하고, 우리 집, 내 침대에서 자고 일어나니 몸이 가뿐하고 금방 수술한 데가 완쾌될 것 같은 기분이다. 친구들을 비롯한 많은 사람들의 격려가 엄청난 위로가 된다. 빨리 완쾌하라고 하며 전화 문안을 비롯하여, 하단에 사는 이李사장과 종갑이 친구는 소고기를 사들고 집으로 찾아오고, 삼지 이소영회장은 무릎에 좋은 약을 사들고 사무실로 왔다. 좋은 친구들이 있어 감사한 일이다.

병들어 병원에 입원하고 있는 것, 특히나 요양원에 있는 시간은 사람이 살아 있는 것이 아니다, 사람이 산다는 것이 무엇인가. 다른 사람들과 더불어 사는 것이다. 맛있는 음식 찾아서 먹고, 좋은 사람들과 만나 웃고 떠들면서 즐겁게 지내는 것이다. 인생길 소풍은 즐거워야 한다. 인생의 맨 끝자락, 그 곳에 가는 그날까지 좋은 사람들과 함께 이 아름다운 지구별에 온 소풍을 즐겁게 보내다 가자.

2020년 가을!

"행님! 머 합니까?" 오후 시간에 갑자기 이병춘 사장한테서 전화가 왔다. 단풍구경을 가자는 것이다. 갈 사람은 '구인회' 회원 중에 특별히 바쁜 일 없는 최진경 사장, 복지관에 나가 그림 그리고 운동하는 이한종 사장이다. 아니나 다를까 전화를 하니 모두가 환영이란다. 10월 27일과 28일로 날짜를 잡고 1박2일 부부 여덟 명이 차량 두 대로 단풍 구경에 나섰다.

첫 행선지는 전남 영암이다. 부산에서 출발하여 영암에 도착하니 정오가 넘은 점심시간이었다. 금강산도 식후경이라 여행에 먹거리도 중요한 요소이다. 찾은 곳이 영암의 먹거리 골목 안에 있는 세발낙지 전문집이다. 지금이 세발낙지가 가장 살이 올라 맛이 있을 때라 한다.

세발낙지를 먹는 방법은 생으로 한입에 넣어 먹는 것과, 나무젓가락에 돌돌 감아서 양념을 발라 구운 호롱이, 세발낙지를 칼로 탕탕 두드려 잘게 자르고 양념을 섞어 먹는 탕탕이, 그리고 낙지볶음까지 네 가지가 있다. 낙지 한 마리를 산채로 입에 넣어 씹을 때 낙지발이 입천장에 쫙쫙 붙는 것이 특이하다. 탕탕이, 낚지볶음을 골고루 맛을 보고 점심을 해결했다.

영암하면 '월출산'이 유명하다. 가수 하춘하의 히트송「영암아리랑」덕분에 '월출산' 이름을 모르는 사람은 없을 것이다. 수년 전 '월출산'에 왔을 때 출렁다리가 있는 곳까지 올라 가 눈앞에 나타나는 바위산을 보고 탄복을 한 바 있다. 온갖 모양의 바위가 병풍처럼 펼쳐져 있는 것은 금강산에서도 보기 어려운 절경이다. 그러나 시간문제도 있지만 지금은 올라 갈 수 있는 몸 상태가 아니다. 아쉬운 마음을 감춘 채 그 아름다운 광경을 보지 못하고 머릿속으로 상상하면서 월출산 입구만 둘러보고 구례 화엄사로 향했다.

구례에서는 콘도에 숙소를 정했다. 코로나-19로 사람들이 전혀 여행을 다니지 않는 줄 알았는데 관광버스로 놀러 온 팀도 있었다. 저녁 식사는 콘도 안에서 점심때 포식도 했으니 오랜만에 라면으로 해결했다. 그런데 친구들 모두가 방바닥에 앉을 때도 "아이구" 일어 날 때에도 "아이구" 하면서 신음소리를 내뱉는다. 허리도, 다리도 고장이 났다.

술도 그렇다. 불과 2~3년 전만해도 술은 동반자이다. 여행을 하는 저녁이면 술판이다. 잔을 돌려도 사양하지 않고 술이 몇 병인지 셀 수없이 마셨다. 그러던 것이 오늘 보니 술을 비상처럼 무서워한다. 술잔도 돌지 않는다. 이한종 사장과 이병춘 사장만이 술을 몇 잔 마시고, 같이 간 아내들도 옛날에 비해 술을 영 적게 마신다. 이게 세월인가? 술은 역시 기력으로 마신다. 이렇게 술을 멀리하는 것은 세월 따라 그만큼 기력이 줄었다는 의미이다.

이튿날은 구례 화엄사에 들렀다. 구례 화엄사에 언제 왔는지 기억이 잘 나지 않는다. 천왕문 입구부터 많은 불사가 이루어졌다. 바닥은 엄청 큰 돌로 덮고 양쪽 길옆도 웅장하게 잘 꾸몄다. 절에 갈 적마다 느끼는 것이지만 많은 돈을 투자하여 새롭게 공사를 한 것을 본다. 그러나 어쩐지 지난번 왔을 때보다 자연미가 무척 많이 없어져 아름다움을 느끼는 것이 훨씬 덜 한 것 같다는 생각이 든다. 그러나 보수는 계속해서 해야 할 것이다.

화엄사 부처님께 참배를 마치고 지리산 노고단 위에 섰다. 수많은 산줄기가 발아래에서 휘몰아 달려가고 있다. 산맥을 따라 달리는 산줄기를 바라보니 몸에서 힘이 솟아난다. 역시 지리산은 남자의 산이라고 할 만큼 웅장하고 그 기상이 활달하다는 것이 몸으로 느껴진다. 산꼭대기 바람이 제법 쌀쌀하다. 이한종 사장이 막걸리 한잔을 건넨다. 아침에 마시는 막걸리 한잔이 목에서부터 위까지 짜릿함을 느끼게 한다. 영암 쪽에는 아직 단풍이 이르더니 노고단을 넘어 남원 쪽에는 단풍이 곱게 물들어있다.

단풍구경은 어디에서든 할 수 있다. 그러나 친한 사람과 같이 1박2일을 함께 한다는 것은 무척 다행多幸한 일이다. 사람이 산다는 것이 무엇인가.그저 삼시 세끼 밥 먹고 집안에 박혀 있는 게 사는 것인가. 아니다. 좋은 사람들과 만나고, 반가운 얼굴을 보면서 정답게 이야기 하는 것이 진정 살아 있는 것이다. 이병춘, 이한종, 최진경 부부와 함께 이 가을 1박2일 동안의 단풍구경은 그런 의미를 부여하고 싶다. 내년 가을엔 우리들이 더 짙게 단풍으로 물들었겠다.

(2020. 10. 30.)

2021년 설날

섣달 그믐날 저녁, 아내와 둘째 딸, 이렇게 세 식구가 식탁에 앉았다. 왠지 쓸쓸하고 허전하다. 큰딸 가족과 아들네가 왔으면 열 명의 식구가 집안에 꽉 차고, 쌍둥이 손녀들의 재잘거리는 소리에 경절의 기분으로 들떠있을 것이다. 그런데 코로나-19가 명절날 가족의 만남을 방해하고 말았다. 방역조치 2단계가 가족도 5명 이상은 모이지 말라고 한다. 5명이 넘게 가족이 모였다가 신고를 받은 구청 직원으로 부터 단속을 받았다는 얘기도 들린다. 세상 참으로 삭막하고 팍팍하다. 어떤 사람은 가족이 모여 정권에 대한 비판 이야기를 하지 못하도록 하는 防役政治라는 말도 한다.

아주 옛날, 내가 어릴 적, 그 때는 설날이 돌아오면 그믐날부터 하는 일들이 많이 있었다. 밤이 되면 집안 곳곳에 불을 밝혀 놓았다. 부엌, 곳간, 우물 속, 화장실, 심지어 소 마구간에도 등불을 켜서 집안을 환하게 해 놓았다. 그믐날밤에는 잠을 자면 눈썹이 희어진다고 하여 잠이 오는데도 억지로 참다가 자신도 모르게 잠이 들었다. 그러면 장난기 많은 형님들이 내 눈썹에 하얀 밀가루 칠을 허서 뒷날 아침 잠자리에서 일어 난 나를 보고 많이 놀리기도 했다. 드한 신발을 방에다 가져다 놓는다. 그믐날 저녁 신발을 밖에 두면 귀신이 신고 간다는 말에 신발을 방에 가져다 숨긴 기억이 난다. 지금 생각해 보면 참으로 순수하고 웃겼던 먼 옛날의 얘기들이 아닐 수 없다.

설날에는 설빔이 있다. 요즘 아이들처럼 값비싼 명품 옷을 사 입는 것은 아니지만 새 무명옷 한 벌, 아니면 집안 형편에 따라 검정 고무신 한 켤레라도 새로 산다. 그리고는 새 옷이나 새 고무신을 고이 모셔두고 설날이 어서 오기만을 손꼽아 기다린다. 새 옷이나 새 신발을 신는 설날은 너무나 기쁜 명절이었다. 그렇게 하고도 무척 행복한 마음이었던 것 같다. 어릴 적 명절날의 기억을 더듬어 보면 눈물이 나도록 정겹고 그리운 시절이다.

특별한 놀이가 없던 그때는 설이 가까이 올 무렵부터 연을 무척 많이 날렸다. 시간만 나면 바람막이 양지 바른 언덕 밑에 앉아 연을 날렸다. 겨울이 되어 연 날리기를 시작하면 설이 지나기 까지 연을 두개 이상은 부수고, 새로 만들었던 것 같다. 연 날리기 뿐 아니라 연 실에 유리가루나 사금파리 가루를 묻혀서 다른 아이들이 연을 날리고 있으면 그 쪽으로 연을 날려 실을 끊어 먹는 것도 재미가 있었다. 날리던 연은 보름날이 되면 연에 자신이 소망하는 글을 적어 실을 끊어 날려 보내고 그때부터는 연을 날리지 않는다.

내 고향 남해는 다른 지역과 다르게 그믐날 저녁에 제사를 지낸다. 다른 지방에서는 설날 아침에 차례를 지내는데 남해는 그믐날 저녁 해가 저물면 제사상을 차려 제사를 지내는 것이다. 설날 아침은 떡국 한 그릇을 상에 올리고 절을 한다. 그리고 부모님께 세배를 올리고 떡국으로 아침 식사를 한다. 식사가 끝나면 큰집을 비롯 친척집으로 세배를 간다. 그때는 세배 돈은 주는 일은 없었다. 그리고 친척과 함께 조상의 산소를 찾아 성묘를 한다.

설은 우리 민족이 오래 동안 간직해 온 가장 으뜸 되는 대 명절이다. 일제시대에 1월1일 양력으로 쇠는 신정과 비교하여 설을 구정이라 하였다. 한때는 설은 이중과세라고 못 쇠도록 한 때도 있다. 관공서에서는 설날 출근을 하지 않거나 지각을 하는 사람을 단속하기 위해 감찰관실에서 감찰도 했다. 그러다가 다시 설날을 '민속의 날'이라고 이름을 붙이기도 했다. 그러나 우리의 핏속에 수백 년을 흘러 온 설은 다시 제 이름을 찾게 되었다.

우리 고유의 명절, 설을 잘 지켜 나가는 것은 우리 민족의 정체성을 지켜 하나의 정신으로 이어 가는 것이라 생각한다. 한 나라의 국민은 하나의 정신, 하나의 마음으로 뭉쳐야 한다. 잘 못된 정치로 인하여 이 나라 국민들이 지역적으로, 이념적으로 갈라지고 찢어져 있는 것이 오늘 날의 현실이다. 비록 실정은 그렇더라도 우리 민족의 고유한 정신마저도 잊어버린다면 이 나라의 앞날이 어떻게 되겠는가.

이번 설은 코로니-19가 방해를 하여 가족도 못 만났지만 이번 일로 인하여 우리 고유 명절의 가치를 깊이 깨달아 앞으로 설 명절을 더욱 뜻깊게 쇠도록 해야 할 것이다.

제4장

군대생활에서 생각나는 사람

군대생활에서 생각나는 사람(1)

엄마 이름을 몰라?

남자는 군대라는 짧은 기간이 인생에서 잊지 못하는 중요한 부분이다. 그래서 3년이라는 세월을 30년간, 아니 평생을 잊지 못하고 어쩌다 군대 이야기만 나오면 할 얘기가 많다. 나는 1969년 12월 입대를 하여 군생활 동안 만난 많은 사람 중 첫 번째 잊지 못하는 사람이 있다.

훈련소에서 만난 성명 김*철!, 그는 김해에서 온 사람이다. 그 친구는 처음부터 내가 보기에는 군대에는 와서는 안 될 부적합자로 보였다. 생김새도 조금 이상 할 뿐만 아니라 행동 또한 많이 모자라 보였다. 훈련소 생활에 적응을 못해 다른 병사들을 따라오지 못하였고 그래서 별도로 기합을 많이 받기도 하고 벌을 많이 서기도 하였다.

훈련소는 원래가 배가 고프고 잠이 많이 오는 곳이다. 그 친구는 유독 먹을 것을 많이 챙겼고, 우리 소대원의 밥을 타러가는 인원을 선발할 때는 제일 먼저 두발 벗고 나서서 자기가 가겠다고 하였다.

취사장에 가면 취사장에 모아둔 누룽지라도 집어 먹을 수 있는 기회가 있기 때문이다.

그 친구 휴식시간에는 PX 한쪽 구석에 우두커니 서서, 남들 군것질하는 것을 유난히 큰 눈으로 구경만하고 서있기가 일쑤였다. 나는 왜 이런 친구가 군대를 왔나하는 안타까운 생각이 들어 내가 먹으려고 산 빵을 주기도 하고, 과자도 종종 나누어 주기도 했다. 그 친구는 내가 우리 소대 분대장이라는 직책을 맡고 있고, PX에서 과자라도 하나 줘서 그런지 나를 가깝게 따르며 옆에 붙어 다녔다. 김*철은 말을 할 때 유별나게 '마'자를 말끝마다 붙이는 특이한 버릇이 있었다.

어느 날, 그 친구가 나에게 "정길아마, 내는 여기 같으면 평생하것다마."하는 것이었다. 다시 말해서 이곳 훈련소에 평생 있으라고 하면 있겠다는 것이다. 군대에 갔다 온 사람이라면 과히 놀라지 않을 수 없는 말이다. 군대생활이란 것이 아무리 좋은 곳에서 근무를 한다 해도 하루 빨리 벗어나고 싶은 곳이다. 특히 훈련소는 군대 생활 중 가장 힘든 곳인데 그 친구는 이곳 훈련소에 평생을 있겠다는 것이었다.

뜻밖의 말이라 깜짝 놀라 군대 오기 전에는 무슨 일을 했냐고 물었더니 "머슴 살았다마."라고 했다. 군대에 오기 전에 김해의 양계장에서 머슴을 살았는데, 계란을 많이 생산하기 위해 밤에도 전등불을 켜 놓고 닭 모이를 주어야 하는 일 때문에 하루 밤에 잠은 두세 시간 밖에는 못 잤다는 것이었다.

60년대 말, 그때는 일반 가정에서도 삼시 세끼 끼니를 걱정해야 하는 어려운 시기였으니 남의 집 머슴으로 일했던 사람이 밥을 제대로 먹었겠으며, 두 세 시간 자면서 일하는 밤중에 간식이라는 것은 생각이나 할 수 있었겠는가. 그러니 하루 세끼 밥 잘 주고 취침시간이 되면 일곱 시간 이상 잠을 편안하게 잘 수 있는 이곳 훈련소가 군대 오기 전 머슴살이 보다 훨씬 나은 삶이라고 느낀 것은 당연 할 것이다.

훈련소를 마칠 무렵 '군인기록카드'를 작성 할 때였다. 김*철의 기록카드는 내가 작성하였는데 집주소와 아버지 성함은 알고 있었다. 그런데 어머니 성함을 물었더니 "모른다마" "개차조야(가르쳐 주어야) 알재마(알지)."라고 했다. 어머니가 살아 계신데 어머니가 이름을 가르쳐주지 않아서 모른다는 것이다. 모자라도 한참 모자라는 친구여서 딱하기도 하고 옆에서 보기조차 민망하고 기가 찰 노릇이었다. 다른 병사들이 그 친구를 고문관이라고 부르며 많이 놀렸다. 김*철이 훈련소에서 기본 훈련을 마치고 2차 교육기관인 통신학교로 배치 받아 가는 것을 보고 훈련소에서 헤어졌다.

군대생활 3년을 마치고 제대를 하기위해 창원 소재 39예비사단으로 갔다. 정문에 먼저 도착한 훈련소 동기들이 모여 있었는데 일찍 와 있던 김*철이 나를 먼저 알아보고 반가운 표정으로 헐레벌떡 내 앞으로 뛰어 나오더니 "정길아마, 고생했제."하는 것이 아닌가.

야! 김*철이 군대생활 3년을 마치고 와 있다니.

"*철이 너 통신학교에 갔지?."

"퇴교 당했다마, 그래 103보에 갔는데 눈이 집채 거치 왔더라."

엄청나게 많은 눈이 내리는 전방에서 김*철이 얼마나 고생을 많이 했을까?

"군대 생활하느라 고생이 많았지?."

“아이다마, 제대 할 때는 편했다마.”

일등병 때는 눈 치우랴, 땔감 나르랴, 보초서랴, 추운 전방에서 고생을 엄청 했을 것이 뻔했다. 그래도 제대할 무렵에는 고참 병사라고 대우를 받아 조금은 수월했나 보다. 그런데 그 ‘마’자는 군대 3년을 지나고도 그대로였다.

그 친구 김*철이는 그 때 본 것이 마지막이었다.

이름깨나 날리는 고위 공직자나 정치인들 중에는 평생 한 번도 들어 보지 못한 병명으로 병역 면제를 받은 사람들이 많이 있다. 군대도 못 갈 정도로 몸에 이상이 있는 사람이 그 어려운 사법시험에는 어떻게 합격을 하며, 치열한 생존경쟁에서 어떻게 고위직을 차지하고 출세를 했을까. 참으로 똑똑한 사람들(?)이다.

지금 생각해 보면 김*철이가 군대 온 것은 병역담당 공무원이 누군가 부탁을 받고 군대에 안가게 해주고 그 사람 대신 김*철을 집어넣은게 아닌가 하는 생각을 지울 수 없다. 신체검사 시에 판정관이 정상적인 사람이라면 김*철을 군대에 올 사람으로 판정하지는 않았을 것이기 때문이다.

어머니의 이름도 알지 못하는 초등학생 수준의 지능도 못되는 김*철이 군대를 와서 3년의 군 복무를 마치고 나에게 “고생했지” 하면서 걱정해주던 그 모습을 생각하면 가슴 아픈 일이다. 지금도 김해에서 살고 있을까?

행여 김*철이가 나를 만난다면 지금도 “정길아마, 잘 있었나마”…….

군대생활에서 생각나는 사람 (2)

여왕 같은 사모님

육군본부는 사병보다 장교가 더 많이 근무하는 것 같이 느낄 때가 있다.

위관급 장교는 숫자가 적고, 영관급 장교가 많은데 대령인가 하고 보면 별이 세 개인 중장이다. 육군본부가 아닌 일선 부대에서 대령이면 연대장이다. 연대장이면 사단장 다음의 계급이니 굉장히 높은 계급이고 연대장이 떴다하면 요란하다고 한다. 그러나 육군본부에서는 스타(별)들이 많으니 내무사열이 있을 때는 대령계급장 달고도 유리창 닦는다는 말이 있다.(실제 그런 일은 없지만) 이러니 육군본부는 군대이지만 상당히 분위기가 부드럽고 또 군인이지만 사람들이 잰틀하다고 표현해야 할까. 사무실에서 근무하는 사병들도 서로를 존중하면서 함부로 대하지는 않는 좋은 분위기다.

내가 근무하는 육군본부 헌병감실 수사과에는 유일하게 대위 한 분이 계셨다. 그분의 성함은 김이석대위. 고향이 목포이고 월남에서 근무하다가 오신분이였다. 성격이 남자다우면서도 소탈하고 굉

장히 인정이 많은 분이었다.

사병들에게도 전혀 군대라는 분위기가 느껴지지 않게 농담도 잘 하시고 민간 회사의 상사보다 더 부드럽게 대해 주셨다.

그분은 해산물이 많이 나는 목포 출신이라 그런지 음식에 대해 잘 알고, 또 음식에 대해 말 할 때에도 입속에 침이 고일 정도로 맛있게 표현을 했다. 예를 들어 우연히 이야기 중 문절구(일명 꼬시레기) 이야기가 나왔는데 그분 말씀이 "가을에 많이 나는 문절구를 싹싹 썰어서 초장에 깻잎과 같이 무쳐먹으면 죽인다"고 표정까지 써가며 말을 하고, 또 문절구를 꼬챙이에 꿰어서 말려 놓았다가 겨울 눈 오는 날에 고추장양념 쫙 발라 숯불에 구워서 소주 한잔하면 끝내준다는 식으로 작은 생선 한 마리에 대해서도 아주 맛있는 표현을 하시는 분이셨다.

1971년 가을! 사무실 뒤편 언덕에 있는 상수리나무에서 상수리 열매가 떨어지고 있었는데, 김대위가 나를 부르더니 애들 시켜서 상수리 열매를 주워 모으라고 했다. 나중에 자기 부인에게 시켜서 묵을 만들어 목포에서 나는 맛있는 파를 삶아 돌돌 말아 젓국에 찍어서 상수리 묵하고 같이 먹자고 했다. 상수리를 줍기도 전에 삶은 파를 젓국에 찍어 먹을 상수리묵이 너무 맛깔스러워 입속에 침이 고인다. 그리고 내가 우연히 휴가를 오게 되었는데 김대위가 "너 올 때 누룩을 하나 구해오라"고 했다.

그런 후 하루는 퇴근 시에 김대위가 "정병장! 우리 집 한번 보여주께"하면서 자기와 같이 자기 집으로 가자고했다. 집에 도착하니 여섯 살 아들과 네 살 된 딸아이가 함박웃음으로 대문 밖으로 뛰어나오는데 아빠의 인상과 달리 얼굴이 무척 예쁘게 생겼었다. 그 애들은 아빠에게 인사를 공손히 하고는 내손을 잡고 "아저씨 빨리 들어오세요."하면서 매달렸다.

그때 나에게는 두 가지 기준이 있었다. 하나는 아내가 남편에게 반말을 하는 집은 꼭 애들이 손님에게 매달리는 것이고, 또 하나는 손님에게 매달리는 애들은 끝에는 꼭 돈 달라고 말하는 것이었다.

그런 생각을 하면서 집으로 들어갔는데 깜짝 놀랐다. 첫째 그분의 부인이 여왕처럼 품위 있고 미인인데다가 퇴근하는 남편에게 너무나 공손히 대하는 것이다. 다소곳한 자세로 남편의 얼굴을 미소띤 얼굴로 쳐다보면서 전라도 말씨 60%와 서울 말씨 40%가 섞인 매력 있는 말씨로 "안녕히 다녀오셨어요. 일하시느라 수고 하셨죠"라고 맞이한 다음, 손 씻을 물을 세수 대야에 담아 받히고는, 수건을 양손으로 받들고 손을 다 씻을 때까지 기다리다가, 수건을 남편의 손에 닦기 좋게 얹어 주는 것이었다. 그리고 나에게도 똑같이 했다.

(그 후로 그때 그 김대위 부인처럼 퇴근하는 남편을 멋있고 공손하게 맞이하면서 수고했다고 말하는 것을 본 일이 없다)

조금 기다리니 상이 들어 왔다. 아니 막걸리다. 사모님이 내가 가지고 간 누룩으로 술을 담아 막걸리를 만들었다는 것이다. 그리고 상수리 묵, 부대에서 주운 그 상수리로, 그리고 파, 목포에서 가지고 온 것이다. 맵지 않고 단 맛이 나는 파를 삶아 돌돌 말아 하얀접시 위에 가지런히 얹혀 놓았다. 삶은 파를 젓국에 찍어 묵과 같이 안주 삼아 막걸리 한 사발! 야, 지금 생각해도 감동이다. 지금도 생각해 보면, 그때 그 젊은 부인이 어떻게 술도 담고 묵도 만들었는지 이해가 가지 않는다.

그런데, 아까 내 손을 끌던 두 아이가 조용해서 보니까 안방 벽

쪽에 나란히 앉아 있는 것이 아닌가. 김대위가 애들에게 "너들은 안 먹나"하고 물으니 야! 그놈들 예쁜 목소리로 "우리는 아저씨 잡수신 뒤에 먹을 거예요"라고 대답했다. 기가 막힌다!

남자답고 인정많은 김대위님, 남편을 공손히 맞이하던 사모님, 그 막걸리, 상수리 묵, 그리고 예의바르고 예쁜 아이들…… .지금도 그날의 일들이 내 머리 속에 생생하게 남아있다. 제대 할 무렵 그 사모님은 더 잘 생긴 아들을 한명 더 낳았다.

음식을 말로써 너무나 맛있게 요리하시던 그 대위님! 지금은 아주 멋진 할아버지가 되어 계시겠지. 그분은 나의 군대 생활에서 지금도 보고 싶고 잊혀지지 않는 두 번째 사람이다.

군대생활에서 생각나는 사람(3)

장중위! 부탁 하나 합시다

신선한 해방감이었다. 군에 입대하는 사람이면 훈련소 신병교육을 마친 후 어떤 곳에서 3년간의 군대생활을 할 것인가가 지대한 관심사이다. 그런데 나는 서울의 한복판 중구 필동에 위치한 육군본부 헌병감실 수사과, 이름도 너무나 근사한 곳에 배치를 받았다. 그것도 하루 근무를 하면 그 뒷날 휴무는 아니지만 다른 조에게 근무를 교대하고 쉬는 듯이 하루를 보내는 것이니 이 보다 더한 황금 보직이 있겠는가. 근무교대를 하면 부대에서 나와 서울 시내 곳곳을 돌아다니며 구경하다가 저녁이 되어서야 귀대를 한다.

헌병감실에 배치되어 한 달 쯤 지났을 1970년4월 무렵, 임승완이란 친구가 머리에 떠올랐다. 임승완은 1968.8월 세무공무원으로 하동세무서 입사동기이다. 서울 출신으로 덕수상고를 졸업하였는데 나와 같이 형제 중 막내이고, 승완이의 어머니가 나의 어머니 보다 한살이 더 많은 등 서로 비슷한 성장여건을 가지고 있어 그런지 매우 친하게 지냈다. 군대는 나보다 1개월 뒤에 입대하였다.

지금쯤 승완이도 훈련을 마치고 배치를 받았을 것이라는 생각이 나서 평소 승완이가 말한 승완이 부모님이 사시는 주소로 찾아 갔다. 처음길이였지만 쉽게 찾게 되어 초면의 승완이 부모님께 인사를 했다. 승완이 어머니는 내 얘기를 많이 들었다고 하면서 승완이를 본 것처럼 반갑다고 하며 눈물을 흘리셨다. 군대 간 아들을 생각하며 눈물을 흘리시는 승완이 어머니를 보니 나를 기다리고 있을 우리 어머니 생각이 나서 마음이 무척 아팠다. 승완이 소식을 물었더니 어제 00사단 보충대에 배치되었다는 전화가 왔다고 했다.

저녁 무렵, 높은 분들이 전부 퇴근을 하였다. 나는 용기를 내어 00사단 헌병중대로 전화를 하였다. 그리고 작전조사계장을 바꿔 달라고 했다. “충성! 장중윕니다!” 지금도 장중위는 잊혀 지지가 않는다. “장중위, 나 헌병감실 수사과 김대윕니다. 장중위! 부탁 하나 합시다.” “뭡니까?.” “다름이 아니고, 그 사단 보충대에 내 조카가 배치를 받아 갔는데 1주일만 임시 휴가를 올 수 있도록 부탁 합시다.” “예! 잘 알겠습니다.”

그 이튿날이다. 승완이로 부터 전화가 왔다. 부대 앞 다방에 와 있다는 것이다. 다방으로 가서 승완이 손을 잡고 너무나 기쁘게 흔들었다. 승완이 말에 의하면 중대장이 불러 갔더니 헌병대에서 1주일 임시휴가 부탁이 왔는데 부대 일이 바쁘니 일주일 휴가는 안되고 3박 4일만 다녀오라고 했다는 것이다. 휴가는 언제 갈 것인가, 부모님 얼굴은 언제쯤이면 볼 수 있을 것인가 생각하다가 갑자기 휴가를 가라는 말에 얼씨구 한 걸음에 달려 왔다는 것이다.

승완이와 같이 부모님 집으로 갔다. 군대 간 아들 얼굴을 언제 보게 되나 하고 걱정을 했는데 이렇게 갑자기 아들 얼굴을 보게 되었으니 얼마나 기뻤겠는가. 나에게 고맙다는 말을 하며 연신 눈물을 훔쳤다.

50년이 넘은 까마득한 옛날이야기다. 그때는 청탁도 통하고, 권력의 힘이 잘 통하던 때이라 이런 에피소드가 있을 수 있지 않았나 생각된다. 부대 배치를 받은 지 한 달 밖에 안되는 새까만 이등병이 겁도 없이 어떻게 그런 용기를 내었는지 되돌아보면 웃음이 난다.

(2019. 5. 20.)

군대생활에서 생각나는 사람(4)

지워야 할 흔적

높은 빌딩 사이에 빛나던 저녁노을은 어둠이 삼켰다. 남산 중턱에 위치해 있는 사무실에서 휘황한 불빛으로 변해가는 서울의 밤거리를 내려다보고 있던 중 책상 위의 전화벨이 울렸다. 습관처럼 수화기를 들었다.

"충성! 헌병감실 수사과 정병장입니다."

"접니다."

여자의 목소리였다.

"아니, 누구…… .?."

군대 전용 전화로 나에게 전화를 걸어 올 여자가 누구인가? 머릿속 기억들이 빠른 속도로 회전을 하며 목소리의 주인공을 찾기 시작했다.

"저 모르겠습니까?"

순간, 정신이 번쩍 들었다. 작년 4월엔가 풍문으로 결혼을 했다고 들은 그녀의 목소리였다. 1년도 더 지난 지금에 웬일일까?

"시간 없겠습니까? 좀 뵙고 싶은데."

생각지도 못한 전화를 받고 보니 마음이 복잡했다. 용건을 물어보지도 못하고 대뜸 '내일 저녁 남대문 뒤 용다방'에서 만나기로 약속을 하였다.

저녁이 되어 부대를 나섰다. 초겨울 찬바람이 볼을 때렸다. 야전점퍼의 깃을 세워 얼굴을 가렸다. 늦게까지 가지에 매달려 있다 떨어진 마른 플라타너스 잎이 군화 밑에서 바스락거렸다. 이슥한 밤, 배신이라는 쓴잔을 안겨 준 여인을 만나러 가는 내 머리 속에 만감이 교차한다.

지하 계단을 내려가 다방 안으로 발을 딛는 순간 스피커에서 강렬한 비트의 전주곡이 울려 나왔다. 『톰 존슨』의 '딜라일라'라는 곡이다. 배신한 여자의 창 밖에서, 창문에 비치는 두 사람의 그림자를 바라보는 남자의 불타는 심정을 그린 노래이다. 우렁차면서도 애절한 가수의 노래 소리가 가슴을 울렸다. 하필이면 이 순간에 이 음악이 나오다니. 쓴 웃음을 짓고 말았지만, 마음 한 구석에서 애달픔이 가슴을 찌르며 살며시 고개를 내밀었다.

다방 안은 만원이라 앉을 자리가 없었다. 양해를 구하고, 연인끼리 앉아있는 테이블의 맞은편에 합석을 했다. 앞좌석의 두 사람은 지금 한창 사랑의 꽃을 피우는 중인지 손을 꼭 잡은 채 다정히 속삭이고 있다. 내게도 저런 사랑을 꽃 피우던 한때가 있었건만.

그녀와는 입대 1년 전, 남해의 M우체국에 근무하던 중 우연히 전화를 통하여 알게 되었다. 그녀 역시 남해 모 우체국에 근무하고 있었다. 오랜 전화 끝에 남해읍 소재의 '내고향다방'에서 처음으로 만나던 날, 그녀의 모습은 지금도 머릿속에 또렷하다. 가을 숲길에 호

것이 피어있는 들국화처럼 청초한 모습이었다. 말하기 전 먼저 밝은 미소를 띠는 얼굴이 백합처럼 환하고 향기롭기도 했다. 중학생일 때에 배구선수를 했던 그녀가, 그 당시 고등학교 배구선수였던 나를 너무나 잘 알고 있다는 이야기를 듣자, 처음 만났는데도 오래전부터 알고 지낸 이웃집 동생 같아 금방 정이 들었다.

이것이 인연일까? 휴일이면 둘이 만나 남해의 아름다운 바닷가에서 아득히 펼쳐져있는 수평선을 바라 볼 때엔 멀리 희망이 펼쳐졌고, 끝없이 피어 오른 뭉게구름 따라 우리의 사랑도 피어올랐다.

6개월 쯤 지날 무렵, 나는 H세무서로 직장을 옮기고, 그녀는 서울전신전화국으로 직장을 옮겼다. 공간은 멀어졌으나 마음만은 변함이 없었다. 시인 유치환의 시 「그리움」의 한 구절 '일찌기 너와 거닐고 바라보던 그 하늘 아래 거리언마는 아무리 찾으려도 없는 얼굴이여'를 연상하며, 유치환 시인이 사랑하는 여인 이영도를 그리며 매일 우체국 앞에서 편지를 써 보내 듯 그리움과 사랑의 편지를 사흘이 멀다 하고 주고받았다.

한 해의 끝자락 12월 초, 군대 입대를 하기 열흘 전쯤이었다. 출장 중인 남해에서 일과를 마치고 숙소인 여관에 들어서자마자 나를 찾는 전화가 왔다. 그녀의 목소리였다. 나는 서울에서 온 전화라 생각하고 반가운 마음에 큰 소리로 말을 했다. 그런데 의외로 그녀의 목소리는 아주 가까운 곳에 있는 것처럼 잘 들렸다. 알고 보니, 여관 옆 다방에서 전화를 하는 것이었다. 다방으로 달려가 그녀를 만났다.

오랜만에 보는 그녀의 얼굴이 더 예뻐 보였다. 그녀는 휴가차 고향 남해에 왔다가 내가 출장을 와 있었다는 것을 알고 찾아온 것이었다. 입대를 하면 언제 그녀의 얼굴을 볼 수 있을까?. 하고 상상도 했는데 입대 직전에 머나먼 서울에 있는 그녀가 나를 찾아와 준 것은 나에게 더 없는 행운인 것 같았다.

그녀가 내게 선물을 내밀었다. 가죽 장갑이었다. 그러나 곧 군에 입대 할 것을 안 그녀는 내게 주려고 가져 왔던 장갑을 3년 동안 간직하다가 내가 제대한 후에 주겠다고 했다. 기다림의 약속, 내게 줄 선물을 고이 간직하겠다는 말이 너무나 따뜻했다. 군대 생활이 아무리 어려워도 그녀를 떠올리면 힘들지 않으리라는 생각을 하며, 돌아서 가는 그녀의 뒷모습을 한참이나 바라보았다.

입대를 하여 헌병의 병과를 받은 나는 신병 후반기 교육은 남한산성에 있는 육군종합행정학교에서 마쳤다. 교육이 끝나갈 무렵, 오랜만에 그녀로부터 편지가 왔다. 군대라는 특별한 곳에서 받는 사랑하는 사람의 편지는 받을 때마다 환호성이다. 그런데 뜻밖에도 서울전신전화국에 있어야 할 그녀가 국립공보관에서 타이피스트로 근무한다고 하면서 손 편지가 아닌 타자기로 편지를 써서 보낸 것이었다.

8주간의 후반기 교육이 종료되었다. 근무지 배치를 받아 제일 먼 전방 103보충대부터 병력이 출발했다. 병사들이 거의 다 떠나 갈 무렵까지 내 이름이 나오지 않더니 끝에 가서야 육군본부라는 것이다. 이게 꿈인가, 생시인가! 특히나, 육군본부에 근무한다는 것은 최고의 보직이기도 하지만, 훈련을 받는 동안 한 시도 잊지 않고 그리던 그녀가 살고 있는 서울에서 지낼 수 있게 된 것이 아닌가. 놀라움과 기쁨이 한꺼번에 솟구쳤다.

더블 백을 어깨에 메고 눈 떠서 잠잘 때까지 힘들게 훈련하던 육군종합행정학교의 울타리를 빠져 나와 논두렁길을 따라 천호동 버스종점으로 향하던 그때의 해방감과 행복감은 하늘을 날 듯 하였다.

그녀가 근무하는 국립공보관은 덕수궁과 담이 붙어 있는 곳이다. 서울에 배치를 받은 후 처음으로 그녀와 덕수궁에서 만났다. 3월 말, 봄기운은 덕수궁의 뜰에도 완연하였다. 남해라는 작은 섬에서 태어나, 섬 안에서 자란 내가 사랑하는 사람과 서울의 고궁, 덕수궁 벤치에서 서로 얼굴을 마주 보고 앉아있는 것이 꿈만 같았다.

우리의 사랑이 3년간 이곳 서울에서 무르익어 열매를 맺을 수 있을 것인가? 그녀를 만나는 순간은 아름다운 환상에 젖었다. 그러나 그것이 그야말로 환상이라는 것을 깨닫는 데는 그렇게 오랜 시간이 걸리지 않았다.

그녀는 많이 변해 있었다. 불과 3개월이란 짧은 시간인데도 그녀가 가지고 있던 청순함이나 백합꽃 같은 순결함은 찾아 볼 수 없다. 무엇이 이 여자를 이렇게 변하게 했을까. 전화를 하여 만나기로 약속을 하면 약속 시간이 30분이 넘어서야 도착하여 차 한 잔 마시고 가기에 바빴다. 그녀는 더 이상 내게 관심이 없는 것 같았다. 대화 중 중앙청에서 각 부서별 배구시합이 있는데 여자 선수로 뽑혔다는 것과 모 기업 실업팀 배구선수 출신의 코치 아래 연습을 하고 있다는 말도 있었다. 화려한 서울, 좋은 직장에서 만나는 멋진 사람들과, 신병 훈련에 그을려 새까만 얼굴의 이등병 병사가 비교되기나 할까. 그녀의 마음을 확인한 이상 나와의 사랑은 끝난 것이라 판단했다.

10월 말, 첫 휴가를 얻었다. 군대 간 아들을 손꼽아 기다리는 어머님이 계시는 남해, 고향집으로 왔다. 어머님 얼굴을 뵌다는 반가운 마음 한 구석에는 군 입대 전 남해읍 다방에서 만났던 그녀의 생각과 이제 작별을 해야 하는 아쉬움도 자리하고 있었다. 고향집에 보관하고 있던 그녀의 편지를 챙겼다. 두루마리처럼 말아보니 두 손으로 잡아야 할 만큼 많은 양이었다. 이 속에는 한때의 그리움과 사랑이 함께하고 있다는 것을 생각하니 가슴이 아리하게 아파왔다.

아침 여덟시 근무교대를 하고 부대를 나서 그녀가 근무하는 국립공보관으로 향했다. 입구에 도착하자 기다리고 있기나 한 듯 쉽게 그녀를 만났다. 국립공보관 뒷문을 통해 덕수궁 안으로 들어갔다. 이른 아침, 호젓한 고궁의 아름다운 운치가 온 몸을 한껏 적셨다.

그녀에게 편지를 내밀었다. 한때 꿈이요, 아름다운 상상의 나래가 무참히 부서지고 깨지는 순간이었다. 3년간 기다린다는 약속, 내게 줄 가죽장갑을 간직하고 있겠다던 따뜻한 속삭임이 허공으로 흩어져 갔다. 가슴이 살며시 저려왔다. 행복을 빈다는 짧은 말만 남기고 뒤돌아섰다. 덕수궁 넓은 마당엔 지난밤 떨어진 노란은행잎이 사랑을 잃고 돌아선 내 마음처럼 슬픔을 안고 뒹굴고 있었다. 은행잎을 가만가만 밟으며 마당을 가로 질러 후문으로 나와 덕수궁 돌담길을 돌아 걸었다.

그녀가 결혼을 했다는 소식을 들은 것은 이듬해 4월쯤이었다. 상대는 배구 코치를 했다는 그 사람이라는 사실과 함께.

조각난 기억의 파편들을 더듬어 세고 있을 때 그녀가 다방 계단을 내려 왔다. 웃음기 없이 내 앞에 선 그녀의 외모나 옷차림이 뜻밖에 결혼 전 모습 그대로였다. 결혼한 그녀의 창문에 비치는 정다운 두 그림자를 상상해 보기도 했고, 남의 아내가 되어 더 빛나고 화려한 모습도 그려 보기도 했었다. 지난 1년 반이라는 시간은 그렇게 짧은 시간이 아니다. 그런데, 기대와는 다르게 전혀 변하지 않은 그녀의 모습을 보는 순간, 머릿속이 갑자기 멍해졌다. 반가움 보다는 안타까움과 실망스런 마음이 앞서는 것은 웬일인가. 다방을 나와 명동으로 향했다.

명동은 역시 사람 인파요, 환상의 거리이다. 정답게 손을 잡고 거니는 다정한 연인들의 모습이 눈에 많이 띄었다. 밝고 화려한 불빛은 행복한 사람에게는 자신을 밝게 비추는 조명이기도 하고, 가슴이 시린 사람은 피하고 싶은 빛이기도 하다. 지금 그녀와 내가 이 거리를 거니는 연인들처럼 사랑을 한다면, 우리는 찬란한 조명 아래 멋진 주인공일 것이다. 그러나 다른 사람의 여인이 된 그녀와 같이 서 있는 내 그림자는 한없이 초라하기만 했다.

그녀는 쓸쓸한 표정으로 내 얼굴을 올려다보며 내게서 되돌려 받은 편지는 며칠 전에야 한 장, 한 장, 불태웠다고 했다. 오늘의 만남도 가슴 속에 안개처럼 남아있는 흔적을 마저 지우기 위해서라고 했다. 말을 끝내며 애써 웃음을 지어 보였으나 눈에는 눈물이 고여 있다. 우리의 사랑, 그것은 봄 동산에 피어오르는 아지랑이 같은 것. 잡을 수 없는 환상이요, 그리움이었던가. 아픈 가슴을 애써 숨기며 그녀의 얼굴에서 시선을 돌린 내 눈에 갑자기 거리의 불빛들이 흐려졌다.

그녀는 늦은 시간 마지막 떠나는 버스에 올랐다. 만나서는 안 될 사람, 또다시 이렇게 만날 수도 없을 것이다. 작별이 아쉬운 가슴 속엔 많은 말들이 겹겹이 쌓여 있건만 정작 해야 할 말을 꼭 집어 찾아내지 못하고 잘 가라는 짧은 말 한마디도 없이 손만 흔들었다. 버스는 시간에 쫓기듯 도시의 어둠 속으로 바쁘게 사라져 갔다.

그녀가 지우려 한 흔적, 내게 남아있는 기억도 지워야 할 흔적인가. 네온 불빛도 하나 둘 꺼져가는 밤늦은 명동의 거리, 희미해진 가로등이 외로이 서있는 내 그림자만 길게 그리고 있었다.

제5장

행복하게 사는 마음을 갖자

행복하게 사는 마음을 갖자

우리 삶의 전제는 오래 사는 것입니다. 백년 이백년을 산다는 것이 아니라 내일보다 더 먼 훗날까지, 일 년 보다 더 많은 세월을 살 것이라는 전제 하에 삶을 살고 있습니다. 내일 당장 죽는다면 지금 무엇을 하겠습니까? 몸을 건강하게 유지하기 위해서 운동을 열심히 하지 않을 것이고, 돈을 모으기 위해 열심히 일하지도 않을 것입니다.

우리가 내일 당장 죽지 않고 오래 살 것이기 때문에 건강하기 위해 운동도 하고, 미래의 안락한 생활을 위해 저축도 하고, 그리고 보다 나은 삶을 위해 지식도 쌓습니다. 그리고 다른 사람과 좋은 인간관계도 유지하고, 종교도 가지면서 정신수행도 하는 것입니다. 성경 말씀에도 "너희가 세상을 다 가진다해도 생명을 잃으면 무슨 소용이 있느냐"라는 구절이 있습니다. 삶을 위한 모든 행위는 우리의 생명이 오랫동안 계속될 것이기 때문에 이루어지는 것입니다.

오래 사는 전제 하에 우리 삶의 첫째 목표는 행복하게 사는 것입니다. 그래서 사람들은 행복을 찾아서 온갖 노력을 합니다. 돈이 행복의 절대적 조건이라고 생각하는 사람은 많은 돈을 가졌음에도 악착같이 더 많은 돈을 가지려고 애를 쓰고, 명예가 제일이라고 생각하는 사람은 온갖 비난도 감수하면서 정치판에 목을 맵니다. 그리고 어떤 사람을 내 힘으로 안 되니 신의 힘을 빌리려고 이 종교 저 종교 기웃거려 보기도 합니다. 또 어떤 절에 가면 한 가지 소원은 이룬다고 하는 허무맹랑한 말이 귀에 들리기만 하면 그 절을 찾아다닙니다.

그런데 행복이란 무엇입니까? 행복이란 삶에 괴로움과 장애가 없는 것입니다. 쉽게 말해 마음이 편안한 것입니다. 유럽을 제패한 '나플레옹'은 "내 생에 행복했던 날은 6일 밖에 없었다"라고 했답니다. 반면에 귀도 들리지 않고 앞도 볼 수없는 '헬렌켈러'는 "나에게 행복하지 않은 날이 하루도 없다"라고 했답니다. '나플레옹'은 생전에 마음에 괴로움과 장애가 없는 날이 6일 밖에 없었을까요?. 그러면 장애를 가진 '헬렌켈러'는 어떻게 마음속에 괴로움과 장애를 느끼는 날이 하루도 없었을까요.

행복하게 사는 마음을 갖자! 행복하게 살고 싶으면 행복하게 사는 마음을 가져야 합니다. 행복하게 사는 마음을 가지면 언제나, 어디서나 행복할 수 있습니다. 행복하게 사는 마음을 가진다면 지옥에 갖다 놓아도 행복할 수 있습니다. 그러나 행복하게 사는 마음을 가지지 못한다면 천국이나 극락에 가서도 행복할 수 없습니다.

그러면 어떻게 해야 행복하게 사는 마음을 가질 수 있는가. 사람들이 행복은 자신의 내면이 아닌 외부에 존재하는 것으로 생각하고 밖에서만 구하려고 합니다. 자신의 밖에서 구한다는 것은 모두가 욕심이며, 갈애라는 말과 같이 끝없이 일어나는 목마름 입니다. 밖에서 행복을 구한다면 채워지지 않는 욕구로 인하여 영원히 괴로움에서 벗어 날 수가 없습니다. 안간 힘을 쓰지만 밖에서는 절대 구할 수 없습니다. 행복은 밖에서 찾으면 이 세상 그 어디에도 없지만 누구든지 자기 안에 행복을 가지고 있습니다.

행복은 내 안에서 구해야 합니다. 그러려면 매사에 감사해야 합니다. 감사하는 마음이 없이는 행복할 수 없습니다. '행복은 감사하는 량에 비례 한다'는 서양 속담도 있습니다. 특히 내 몸으로 움직이고 뭐든 할 수 있는 것에 감사해야 합니다. 교만한 마음을 버려야 합니다. '내가 난데'라고 하는 교만심을 버리고 겸손한 마음으로 남을 존경해야 합니다. 내가 가진 것에 만족해야 합니다. 재산이든 직업이든 내 것에 만족해야 합니다. 남과 비교하지 않아야 합니다. 남은 나와 비교할 대상이 아닙니다, 남과 비교하면 상처만 남을 뿐입니다. 가능하면 베풀어야 합니다. 물질이든 사랑이든 또는 작은 친절이라도 남에게 베풀어야 합니다. 선인선과. 악인악과, 선한 일을 베풀면 필연코 나에게 좋은 일이 생깁니다. 이런 마음으로 살면 행복합니다.

'행복하게 사는 마음'을 가지면 지금 이 시간, 그리고 내가 서 있는 이 장소가 극락이고 천국입니다.

(2010. 11. 18.)

* 하나의 종교만을 아는 자는 완전한 종교인이 아니다 : 막스 뮐러(독일 철학자)

행복의 세 가지 소중한 인연

이것은 인연이다! 사람과 사람 사이에 절묘한 관계가 성립 될 때 흔히 사용하는 말입니다. 따지고 보면 우리의 삶에 인연 아닌 것이 없습니다. 인간관계 뿐 아니라 내가 살고 있는 지역, 살고 있는 집, 소유하고 있는 물건도 가만히 따져 보면 모두가 인연으로 이루어지는 것입니다. 물론 선택했다는 생각이 들겠지만 선택하게 된 동기나 원인을 가만히 살펴보면 인연입니다. 이렇게 많은 인연 중에서 정말 중요한 인연 세 가지가 있습니다.

첫 번째가 부모와의 인연입니다. 이 세상에 태어나면서 부모를 선택해서 태어나는 사람은 아무도 없습니다. 그리고 두 번째가 배우자 인연입니다. 남편이나 아내를 선택한 것 같지만 가만히 생각해 보면 인연으로 만나서 이 여자를 내 아내로 하자, 이 남자를 내 남편으로 하자고 결정한 것이지 선택한 것은 아닙니다. 세 번째는 직업의 인연입니다. 돈을 많이 버는 직업, 명예를 높게 가지는 직업 등, 세상에는 셀 수도 없이 많은 직업들이 있지만 그것이 내 뜻대로 선택되지 않습니다. 직업은 인연으로 갖게 된 것입니다.

중요한 것은 우리가 평생을 행복한 인생으로 살아가려면 이렇게 선택하지 못하는 세 가지 인연에 최선을 다해야 합니다.

첫 번째, 부모님을 잘 모셔야 합니다. 부모님이 없었더라면 내가 이 세상에 태어났을까요?. 만약 아버지가 다른 여자와 부부가 되었으면 아마도 나는 이 세상에 태어나지 않았을 것입니다. 모래알처럼 많은 사람 중에 아버지와 어머니가 부부가 되고 그 인연으로 내가 이 세상에 태어났다는 사실이 너무 신기하고 감사한 일입니다. 온갖 고생을 마다않고 길러 주신 은혜는 하늘 보다 높고 바다보다 깊습니다. 이렇게 소중한 부모님을 잘 모시겠다는 공손하고 효성스러운 그 마음이 하늘로부터 복을 받을 수 있습니다. 부모님을 잘 모시면 착한 자식이 태어납니다, 그리고 살아가는 중에 특별히 어려운 경우는 잘 없습니다. 그래서 가정이 화목하여 행복할 수밖에 없습니다.

두 번째 인연인 배우자에게 잘해야 합니다. 남편은 아내를 부처님 모시듯 받들어 모셔야 합니다. 사람들이 절에 가면 부처님께 절을 세 번 합니다. 그리고 꽃도 올리고 차도 올리고 과일도 공양합니다. 그것처럼 남편은 아내를 정성껏 잘 모셔 항상 아내의 얼굴에 미소가 지워지지 않게 해야 합니다. 아내는 가장 가까이에서 남편을 지키는 부처입니다. 남편을 지키는 부처님 마음이 즐겁고 편안하면 집안이 화평합니다. 집안이 화평해야 행운도 따라 옵니다. 그래서 항상 웃음소리가 가득하고, 나이 들어서 아내의 역할이 많아 질 때는 부부 사이가 좋아져 더욱 행복합니다.

그리고 아내는 남편을 하나님 섬기 듯 해야 합니다. 이스라엘에서는 시집가는 딸에게 "남편을 왕처럼 모셔라. 그러면 네가 왕비가 된다"라고 말 한답니다. 그와 같이 아내는 남편을 어떤 것 보다 존경하고 높이 섬겨야 합니다. 아내의 섬김을 받는 남자는 밖에서 얼굴 표정이 밝게 빛납니다. 아내의 존경을 받는 남편은 힘과 용기가 생겨 직장생활도 활기차고, 사업도 힘차게 밀고 나갈 수가 있습니다. 아울러 가정이 질서가 서고 자식들이 반듯하게 자랍니다. 그래서 행복한 가정이 됩니다.

세 번째 직장에 최선을 다해야 합니다. 직장은 선택이 아닌 인연으로 만난 것이므로 좋고 나쁜 것을 떠나서 우선 충실히 일해야 합니다. 직장에 충실하지 못하게 되면 대개가 직장을 자주 바꾸게 되고, 그럼으로 인하여 가정생활이 안정되지 못하여 바른생활을 하지 못합니다. 또 직장을 이곳저곳으로 철새처럼 옮겨 다니다 보면 성실성이 결핍되고 전문성이 떨어져 능력 없는 사람이 되어 평생 힘들고 재미없는 인생을 살게 됩니다.

내가 만난 직장에서 열심히 일하다 보면 다른 사람들로부터 인정을 받게 되고, 그래서 더 좋은 직장으로 스카웃 될 수도 있고, 더 좋은 새로운 직장을 만날 수 있는 인연이 생깁니다. 또 자기의 업무에 충실하다 보면 40대 불혹의 나이가 되는 때쯤에는 전문가가 되어 어떤 어려움에도 흔들이지 않게 되고, 50대 지천명의 나이에는 높은 지위에 앉아 승승장구하게 되어 인생이 행복해 질 수 밖에 없습니다.

우리는 인연이란 말은 하면서도 인연의 참의미와 소중함은 잘 알지 못합니다. 선택할 수 없는 세 가지 인연, 삶에 중요한 행복의 원천인 것을 깊이 깨달아야 합니다.

만불선행회

정말 우연한 일이었다. 아니, 우연이라기보다는 인연이라고 말해야 하는 것이 옳을 것이다. 평소에는 신문의 중요 기사만 읽고 마는데, 그날은 아무 생각 없이 페이지 끝자락에 조그맣게 난 광고를 보게 되었다. 내용은 어느 단체에서 간월암으로 사찰순례를 간다는 내용이었다. 눈이 번쩍 뜨였다. 간월암을 언제 가보나 하고 속으로만 생각하고 있던 참이 아니던가. 그 행사에 합류하기로 단단히 마음을 먹었다.

간월암은 충남 서산시의 안면도와 천수만 옆에 있는 작은 돌섬인 간월도 위에 세워진 암자이다. 이 돌섬을 1000년 전 백제시대에는 피안도彼岸島라고 불렀다고 한다. 생사윤회의 사바세계를 떠난 상락의 세계, 생사를 여읜 열반의 세계라는 뜻이다. 밀물 시에는 물 위에 뜨있는 연꽃과 같아 연화대蓮花臺라 부르기도 했다. 그리고 간월암看月庵이라는 명칭이 만들어진 것은 조선 초기 왕사이신 무학대사가 이곳에서 서해에 떠있는 달을 보고 깨우침을 얻었다는데서 유래를 한단다.

간월암을 꼭 가봐야겠다고 마음다짐을 하게 된 것은 최인호 작가의 「길 없는 길」이라는 소설을 읽고서이다. 소설은 경허스님의 이야기를 제재로 하면서 새로운 주인공을 내세워 엮어가는 것인데, 1996년에 읽은 책 중 가장 깊이 빠진 소설이 아닌가 생각이 된다. 소설의 내용 중 달 밝은 간월암에서 주인공 강교수와 법명스님이 나눈 대화가 진한 감동을 주었다. 그래서 소설을 읽고 난 후에도 간월암이 가슴에 깊이 남아있게 되었다.

광고에는 간월암으로 가는 버스가 동래 지하철역 앞에 정차한다고 되어 있었다. 행여 놓칠세라, 나는 일찌감치 도착해 설레는 마음으로 버스를 기다렸다. 사찰 순례를 하는 버스에 오르기는 난생 처음이었다. 게다가, 타고 있는 사람들은 모두가 여자들이었다. 자연스럽게 승객들의 시선이 모두 청일점인 내게 집중되고, 나는 괜스레 얼굴이 뜨거웠다.

버스가 출발하자 보살님 한 분이 일어서 인사를 하였다. 그 분이 지금의 지선스님이시다. 그날 사찰순례는 만불정사에서 주관한 것이며, 만불정사에는 '만불선행회'라는 모임이 있는데 여러 가지 사회 봉사활동을 하고, 정기적으로 교도소 재소자 교화행사도 하여 법무부장관의 표창장까지 받게 되었다고 했다. 순간 감동을 느꼈다. 그 무렵, 나 자신도 작은 힘이나마 남을 위한 봉사에 손을 보태고 싶다는 생각을 하던 때였다. 그것이 만불선행회에 회원이 된 동기요, 인연이었다.

2000년 6월경 갑자기 지선스님, 박복련 고문, 조영순 부회장, 그리고 몇몇 회원들이 사무실로 왔다. 만불선행회 회장을 맡아 달라는 것이었다. 한사코 사양을 하다가 좋은 일을 하는 모임의 회장을 맡아 달라고 하는데 끝까지 거부한다는 것이 옳은 일이 아니라는 생각이 들어 허락을 하고 말았다.

만불선행회 회원들은 매월 작은 금액의 회비를 모아 수시로 정성껏 봉사를 했다. 「보리수동산」을 방문했을 때는 부모에게서 버려진 어린애들의 천진한 얼굴에 눈물 흘리는 회원도 있었고, 전남 화성에 있는 해인사를 방문했을 때는 동자승들의 선한 모습에 가슴이 짠해 하기도 했다. 스님의 옷을 입고 부처님을 향해 절하는 동자승이 수행이나 깨달음을 알기나 하겠는가. 부모의 사랑을 받으며 자랄 수 없는 불행한 인연으로 부처님을 만났으니 언젠가는 깨달음을 얻어 큰 스님이 되시기를 기원하는 마음뿐이었다.

2003년 5월부터는 가정의 달에 즈음하여 천마재활원 원아들에게 삼겹살 점심식사를 제공하고, 남해의 화방동산 노인들에게 불고기 봉사를 했다. 치매에 걸린 노인, 몸을 제대로 쓰지 못하는 노인에게 식사시중을 들 때는, 그들에게도 건강하고 아름다운 젊은 시절이 있었으리라 생각하면서, 그들의 모습이 먼 훗날 우리의 모습이 될 수도 있겠다는 생각에 가슴이 먹먹해 왔다.

김해교도소와 청송교도소 재소자 방문도 매 년 했다. 교도소는 일반인들이 출입하기는 쉽지 않은 곳이다. 특히 청송교도소는 큰 죄를 지은 사람이 있는 곳이라는 선입견이 있어 교도소 안으로 들어 갈 때는 긴장감도 느껴졌다. 떡을 준비하고, 적은 금액이나마 영치금도 제공하였다. 수형자들을 보면서 천수경의 구절을 마음속으로 외었다.

죄무자성 종심기 심약멸시 죄역망罪無自性 從心起, 心若滅時 罪亦忘!
(죄는 본래 성품이 없는 것, 마음 따라 일어나네. 만약 마음이 멸하여 없어지면 죄 역시 사라지네!)

죄망심멸 양구공 시즉명위 진참회罪忘心滅 兩俱空 示則名爲 眞讖悔!
(죄도 사라지고 마음마저 없어져 공하면, 이것이 진실한 참회라 이름 하리라!)

순간적으로 잘못된 마음이 일어나고, 그 마음 따라 행한 행동이 죄를 저질렀을 뿐, 그곳에 있는 수형자들도 우리와 똑같은 사람일 터였다. 그들이 이곳에 있는 동안 진실한 참회를 통해 새로운 사람으로 거듭 나길 간절히 기원하며 돌아서곤 했다.

참으로 고마운 것은 회원들이 적극적으로 봉사에 참여해 준 것이다. 음력 정월 독거노인 떡국 봉사부터 연말 근육 장애인 송년의 밤 행사까지 1년에 대여섯 차례의 봉사활동을 했다. 봉사는 남을 도우는 것이 아니라 내 자신이 선행을 실천하는 것이다. 그 뒤에 오는 행복감은 실천해 본 사람만이 느낄 수 있다. 그래서 봉사는 해본 사람이 한다.

만불선행회 회원들은 봉사 뿐 아니라 불자로서의 수행과 기도에도 힘썼다. 2004년 11월, 단체로 1080배에 참여해 힘든 것을 참고 끝까지 목표를 달성했고, 삼랑진 소재 여여정사에서 바루공양과 철야기도를 하였다. 처음해 보는 바루공양이 긴장되고 어색하여 밥을 제대로 먹지 못한 회원들은 바루공양이 끝나자마자 공양간으로 달려가 큰 그릇에 나물을 넣고 밥을 비벼 먹곤 했다. 지금 생각해봐도 웃음이 절로 나온다. 초파일 직전 행하는 제등행렬에도 참여하였다. 10여명의 풍물패를 대동하고 참여한 우리 회원들의 모습이 단연 돋보였다. 맨 앞에 최두길 부회장과 함께 만불선행회 깃발을 들고 가던 고故 하갑성 회원의 모습이 눈에 선하다.

회원들과 함께했던 삼사순례와 여행도 아름다운 추억이다. 통영에서 배를 타고 아름다운 다도해를 감상하며 다녀온 연화사, 법흥사를 참배한 후, 왕의 자리를 삼촌에게 빼앗기고 어린 몸으로 유배되어 끝내 살해되는 비운의 왕 단종의 묘, 영월의 '정릉'도 관람하고, 서울에 있는 조계사, 길상사, 경복궁, 창경궁, 운현궁도 둘러보았다. 그 외도 많은 곳에서 회원들과 함께 했던 좋은 추억들이 머릿속에 또렷이 남아 있다.

2013년 4월 21일은 전남 광주에 갔다. 수령이 수백 년이나 되는 왕버드나무가 늘어선 「호수생태공원」의 아름다운 경치를 즐기며 신선한 공기도 한껏 마셨다. 점심식사는 그 지역에 자리를 잡은 김도화 회원의 집에서 정성껏 준비해 준 음식을 맛있게 먹었다. 식사 후 인근에 있는 조광조의 소세원, 정철의 정자를 구경하고 담양의 죽녹원에 이르렀다. 그런데 회원들이 죽녹원의 대나무 숲길을 둘러보며 무척 힘들어 했다. 이것이 세월인가 싶었다. 우리 회원들의 모습이 2000년 7월의 모습이 아닌 것을 그때 깨달았다.

간월암이 인연이 되어 만불선행회 회원이 되었고, 만불선행회의 회장을 맡아 흐른 세월이 어언 20년이다. 당시 40대이던 회원은 회갑을 넘겼고, 50대이던 회원은 팔순을 바라보는 나이가 되었다. 세월을 따라 젊고 건강하던 모습들이 많이 변했다. 78세의 허문현 고문은 영면에 드셨고, 김연순 고문은 걷기가 불편해 모임에 참석치도 못한다. 그 연세에 아직도 월례회에 참석하시는 정옥희, 권정순 고문의 얼굴이 반갑기만 하다.

"봄, 여름, 가을, 겨울이 여러 번 바뀌었습니다. 세월은 흐르는 것이 아니라고 하지요. 세월은 저 혼자 머물러 있고, 시간도 정지되어 있는데, 흘러가는 것이야 우리들 사람이요, 변화하는 것은 자연이지요.”

소설, 「길없는 길」의 한 구절이 떠오른다. 간월암에서 찰랑이는 파도위에 떠있는 달을 보며 법명스님이 소설의 주인공 강교수에게 했던 말이다. 마치, 네 계절이 스무 번이나 바뀌어 많이 변해있는 우리 만불선행회 회원들에게 들려 주는 말인 듯하다.

며칠 전에는 오랫동안 사무국장을 맡아왔던 이은영 회원이 몸져 누웠다는 말을 들었다. 사람도 못 알아본다고 했다. 너무나도 총명하게 사무 처리를 잘 하시던 분이 하루아침에 그렇게 변했다고 생각하니 가슴이 찢어지는 듯하다. 인생이 참으로 허무하다는 것을 새삼 느끼게 된다. 그 분이 정성껏 정리하던 장부를 펼쳐 보았다. 그 때그때 일어났던 모든 일들을 꼼꼼히 적고, 영수증을 착실히 챙겨

정리해 둔 것을 보니 가슴이 아려 온다.

불가에서 세월은 멈추어 있다고 말들을 하지만, 우리 같은 속인이야 빠르게 흘러가는 것이 세월이다. 세월이야 잡을 수 없지만 지난 세월 아름다운 기억은 머릿속에 더욱 깊이 각인되어 잊혀 지지 않을 것이다.

되돌아 생각하면 20년 동안을 함께한 만불선행회 회원들은 남에게 봉사를 하려는 착한 마음을 가진 좋은 사람들이다. 좋은 사람들과 함께 한 봉사의 시간이 참으로 행복한 시간이었다. 모든 회원들의 선행이 보시의 공덕이 되어 다음 생에 좋은 인과로 열매 맺기를 진심으로 기원한다.

오랜 세월 함께한 지선스님과 만불선행회 회원들의 환한 얼굴이 부처님 모습으로 내 마음 속에 빛나고 있다.

(2019. 8. 30.)

강진회

강진회 창립

참으로 오랜 세월이다. '강진회'라는 모임을 만들어 50년의 세월이 흘렀으니 말이다. 남자의 숙제인 군대생활을 마치고 부산에서 나름대로 직장을 마련한 다음, 초등학교를 같이 다닌 친구들을 찾았다. 타향객지 부산에서 코 흘리게 시절의 추억을 담고 만나는 친구가 얼마나 반가웠겠는가.

20대의 청년이 되었으나, 오랜만에 만나는 친구의 얼굴은 초등학교 시절과 변함이 없는 것 같았다. 책 보따리를 등에 매고 신작로 길을 달리던 모습, 철봉에 매달려 놀던 모습, 운동장에서 주먹만한 고무공을 서로 차려고 뛰어다니던 모습들이 생생하게 떠올랐다.

지금의 성장한 모습 보다는 어릴 적 추억이 소롯이 묻어 나오는 것이 고추친구 우정이다. 이 우정을 오랫동안 간직하자고 모임을 만들었다. 모임의 이름은 『강진회』, 고향마을 앞에 넓게 펼쳐진 바다가 '강진바다'이다. 그 넓은 바다를 바라보면서 꿈을 키우며 자란 어린 시절을 회상하기에 가장 좋은 이름이다.

『강진회』의 처음 만남은 소박 할 수밖에 없었다. 다들 얄팍한 주머니 사정이 아니던가. 약속한 날 버스를 타고 중국집에서 만나 자장면 한 그릇이 전부다. 나누는 대화는 일상에 일어나는 이야기 보다는 어릴 적 함께 뛰놀던 그리운 추억들이다. 그렇게 헤어져도 다음 만날 날이 기다려졌다.

세월은 많은 변화를 가져다준다. 결혼을 하면 새로 마련한 신혼집에서 모임을 가졌다. 첫날밤 이야기로 웃고 떠들던 그 날이 엊그제 같은데 어언 50년의 세월이 지나갔다.

집들이

친구들이 결혼을 하면 신혼집에 모여 집들이를 하고, 새로 집을 장만하면 새집들이를 했다.

새집들이 할 때의 일이다. 동수가 집을 마련하여 강진회원 모두가 그 집으로 갔다. 마침 동수의 아버님께서 와 계셨다. 모두들 인사를 한 후 각자가 돌아가며 동수아버지가 알기 쉽게 자기소개를 했다. 다음 차례 준도가 소개를 드리려고 하는 순간, 옆에 있던 종갑이가 갑자기 동수 아버님께 준도를 가리키면서 "얘는 차근이 아들입니다"라고 했다. 모던 친구들은 깜짝 놀랐다. '차근'이라는 이름은 준도의 아버지 존함이 아니라 인사를 받고 있는 동수 아버지의 존함이다. 종갑이가 준도 아버지 존함을 말한다는 것이 얼떨결에 인사를 받고 계시는 동수아버지 본인의 존함을 말했으니 옆에서 듣는 친구들의 마음이 어땠겠는가. 그런데 더 황당한 것은 동수 아버님이 "차근이 아들"이라는 그 말을 듣고는 본인 이름인데도 얼떨결에 "아, 그래여"라고 응수를 하는 바람에 옆에 있던 친구들은 아예 머리가 멍해져 버렸다.

지금 생각하도 웃음이 나오는 잊지 못할 추억이다.

여름휴가

강진회 회원들은 여름이면 다 같이 부부와 함께 캠핑을 갔다. 2000년 8월부터 2017년 8월까지 제주도, 거문도, 백무동계곡, 거제도, 보길도, 괴산 화양계곡 등에서 14번의 여름휴가를 같이 보냈다. 좋은 곳을 선택해 간 것은 물론이거니와 고추친구들과 함께 지내는 것이 즐거울 수밖에 없었다.

휴가 기간 동안 먹을 것은 총무인 동수와 부인 정행자씨가 맡아 했는데, 준비 사항이 철두철미하고 알뜰하기가 그지없었다. 총무가 준비를 잘 해 오는데도 개별적으로 별도의 음식을 준비해 오는 부인들도 있었다. 강진회 회원들을 생각해 캠핑장에서 맛있는 것을 먹게 하려는 좋은 마음이었으리라. 캠핑장에서 땀을 뻘뻘 흘리며 음식을 만들던 부인들의 고생이 지금 생각하니 무척 미안하지만 그때 먹었던 음식 맛은 과히 꿀맛이어서 그 맛이 지금도 잊혀지지 않는다.

지난날 아름다운 추억들이 많지만 강진회원의 부부가 함께한 여름휴가는 어떤 값 비싼 휴가보다도 우리 인생에 아름답고 행복한 추억이 될 것이다.

거문도(백도)

2001년 7월 거문도에 갔을 때이다. 도착시간이 토요일 오후 두 시경, 별다른 계획이 없어 배를 빌려 '백도'로 갔다. '백도'는 거문도에서 제주도 방향으로 두 시간 거리에 있는 돌로 이루어진 섬이다. 배를 타고 한참을 가니 파란 바다 위에 하얀 섬이 보석같이 빛나고 있는게 아닌가. 아름다운 경치를 많이 구경했어도 그때처럼 환상의 경치를 보기는 처음인 것 같았다.

백도라는 이름은 바위섬의 숫자가 99개로 100百개가 안 되어 흰 백白자를 써서 이름 지었다고 한다. 섬은 이름의 유래처럼 마치 4각형으로 된 하얀 돌을 겹겹이 쌓아 놓은 듯 했다. 백도는 사람이 육지에 내릴 수 없어 배를 타고 섬 주위를 둘러보았는데, 자연의 신비함을 간직한 기암절벽과 괴목들이 한참을 환상에 빠지게 했다. 섬 주위를 돌면서 안내를 하는 선장이 섬 위에 있는 기묘하게 생긴 바위를 보며 불러주는 매바위, 병풍바위, 형제바위, 각시바위, 서방바위 등 이름과 바위에 얽힌 전설이 감흥을 한층 더하였다.

돌아와 밤에 잠을 자려고 하는데 아름다운 '백도'의 모습이 눈에 밟히어 한동안 눈을 감을 수가 없었다. 이튿날 아침, 종갑이 부인 이정자씨가 "어제 밤 백도가 눈에 아롱거려 눈을 못 감았다"고 말했다. 나와 같은 느낌이었나 보다. 경치를 보고 아름다운 정경이 눈에 밟히어 눈을 감을 수 없다는 것이 믿기지 않겠지만 그 만큼 이름다운 섬이었다.

일요일인 뒷날도 햇볕이 따스한 맑은 날인데도 배가 백도로 출발하지 않았다. 백도 근방의 바다에 파도가 높아 못 간다는 것이다. 거문도에서 보는 바다와 백도 근방의 바다는 파도의 차이가 많다고 했다. 어제 백도를 다녀 온 것이 정말 다행이었다. 백도 뿐 아니라, 한적하고 아름다운 바닷가와 바다 속까지 보이는 맑은 물, 환상의 거문도가 지금도 눈에 아련하다.

백무동계곡

지리산은 아름다운 계곡이 많은 곳이다. 그 중 한신계곡이라고도 하는 백무동계곡은 싱그러운 녹음과 함께 시리도록 맑은 물줄기가 쏟아지는 여름철 최고의 피서지이다. 2003년 8월 백무동계곡으로 피서를 갔다. 회색의 빌딩, 아스팔트 위에 쏟아지는 불볕더위로 용광로처럼 이글거리는 도시를 떠나 지리산에 도착하자 깊은 계곡, 시원한 물소리가 정신까지 맑게 했다.

여름의 한낮 햇볕은 따가웠지만 밤이 되자 지리산의 공기는 가을밤처럼 시원해졌다. 여름휴가 중 그날처럼 많은 얘기꽃을 피운 날은 없었던 것 같다. 특히나 "깍꿍"이라는 말이 나왔는데 재춘이 부인 김옥선씨가 "깍꿍"에다 "까까꿍"까지 보태어 얼마나 웃기는 바람에 한참을 웃었다.

그리고 술도 많이 마셨다. 한번 웃고는 술 한병, 한번 웃고는 술 한병, 엄청 마셨다. 술은 역시 분위기다. 그리고 술은 가끔 어떤 척도가 될 수 있다. 그 날 그처럼 술을 많이 마셨다는 것은 분위기가 그만큼 즐거웠다는 얘기이다.

언제 또 "깍꿍"하며 그 날처럼 웃을 날이 있으려나.∞

국외 여행

강진회의 역사 가운데 가장 큰 의미 있는 일은 외국여행일 것이다. 강진회 회원 부부가 서유럽을 비롯하여 10회의 외국여행을 했다. 강진회의 해외여행을 이야기 하면 듣는 사람들은 돈독한 우정에도 놀라지만 초등학교 동기가 외국여행을 열 번이나 갔다는데 놀라움을 표하는 사람이 많이 있다. 전 회원의 협동심은 물론이거니와 총무를 맡은 이동수의 헌신적인 노력의 덕분이라는 생각이 든다.

2005. 08. 21-30 서유럽(영국, 프랑스, 스위스, 이탈리아, 독일)

2008. 02. 22-29 동유럽(폴란드, 오스트리아, 항가리, 체코, 슬로바키아)

2010. 08. 11-25 미국 서부, 동부, 카나다

2012. 08. 11-22 북유럽(필란드, 스웨덴, 노르웨이, 덴마크, 에스토니아) 러시아

2013. 03. 22-31 호주, 뉴질랜드(남섬, 북섬)

2015. 08. 02-06 중국(계림)

2016. 04. 24-28 중국(의창, 중경, 장강삼협)

2017. 04. 27-30 일본(동경, 알펜루터)

2018. 04. 11-15 싱가포르, 말레시아(말라카)

2019. 05. 04-13 스페인, 포르투칼

여행은 어디를 가느냐도 중요하지만 누구와 같이 가느냐가 더 중요하다는 말이 있다. 강진회원 부부가 맨 처음 해외여행으로 서유럽을 가기 위해 국제공항에 큰 가방들을 끌고 모인 날, 그 설레임은 지금도 가슴이 뛴다. 되돌아 회상해 보니 모두가 정말 좋은 여행지이다. 이렇게 좋은 곳을 좋은 친구들과 함께 했다는 것은 남들이 가

질 수없는 인생의 행복이 아닐까.

친구들의 가슴에 새긴 아름다운 추억들이 영원 할 것 같다.

친구의 이별

가장 긴 이별은 죽음이다. 강진회가 결성된 이후 처음으로 친구와 영원한 이별을 맞았다. 오랜 병석에 있던 이은홍 친구가 운명을 달리 한 것이다. 부모 형제의 죽음을 맞았을 때 슬픔과 허무함도 경험했지만, 친구의 죽음은 또 다른 많은 생각들을 하게 했다.

국화꽃 속 영정에서 그간의 삶의 추억이 영화의 필름처럼 되살아났다. 한동네에서 태어나 같이 자랐다. 나무하고 소꼴 베며 어린 시절을 같이 보내 어릴 적 어려움을 함께 했던 추억이 깊이 묻어있다. 성인이 되어서는 부산이라는 객지에서 강진회라는 모임을 통하여 50여년 세월을 한 달에 한번은 얼굴을 마주 했다. 도회지의 치열한 삶의 경쟁 속에서 힘들고 지쳐 있을 때에도 초등학교 적 친구를 만나 풋풋한 정을 느끼며 서로의 삶을 위로했다. 무던한 성격에 느릿한 말로, 모든 일을 잘 조율하던 착한 친구이다.

친구의 영면永眠 앞에서, '삶은 한 조각 구름이 생기는 것이요, 죽음은 그 구름이 사라지는 것이라'는 말이 새삼스레 머리 속을 스쳐 지나간다. 우리의 나이도 이제 저 세상으로 가야하는 나이에 이른 것인가. 누구나 이 세상을 떠나야 하는 것, 시간의 빠름이 다를 뿐이다.

"나 하늘로 돌아가리라. 아름다운 이 세상, 소풍 끝내는 날 가서,

아름다웠더라고 말하리라," 천상병의 시詩, 「귀천歸天」이 진하게 가슴에 와 닫는다.

친구야! 자네도, 가는 길에 관세음보살님을 만나면 이승에 소풍 와서, 강진회 좋은 친구들 만나 잘 놀았다고 말하시게. 자네처럼 착한 사람, 서방정토에서 아미타부처님 친견하고 부디 극락왕생 하시게.

먼저 이별한 은홍이의 명복을 기원하며, 남은 강진회 귀한 친구의 인연에 깊은 감사를 느낀다, 이 인연이 건강하게 오랜 세월 이어 나가길 진심으로 기원해 본다.

은홍이 친구가 하늘나라에서 웃으며 보고 있는 것 같다.

친구가 붙여 준 별명

정강영이는 말이 없으면서도 간혹 친구들에게 많은 웃음을 준다. 2005년 7월 30일, 영덕 옥계계곡으로 여름 캠핑을 갔을 때이다. 마침, 앞 날 비가 내려서 계곡에 깨끗한 물이 많이 흐르고 있었다. 갑자기 강영이가 수영을 배우겠다는 것이다. 남해 출신이 못해도 개구리 해엄은 하는데 강영이는 수영을 전혀 못했다. 그 나이에 수영을 배우겠다며 친구가 가르쳐 주는 동작을 따라 하는 것이었다. 그러나 쉽게 물위로 뜨지 못하고 한참 동안을 물속에서 열심히 허우적거리는 것을 보고 많이 웃었던 기억이 새롭다. 지금은 수영을 할 줄 아나?

강영이가 갑자기 친구들에게 별명을 지어 주었다. 이소영=대인,

이동수=변호사, 정종갑=사장, 강재춘=회장, 고성율=검사, 하준도=교수, 반철영=반나리, 최준원=학자, 정정길=달인, 강영이가 지어 준 별명이다. 각 자는 그 별명이 마음에 드는지 알 수 없는데 강영이는 친구를 만나면 본인이 지은 별명대로 부르고 있다. 중이 제 머리 못 깎는다고 정작 강영이 본인의 별명은 없어, 강영이는 열심히 교회에 나가 길래 '사도바올'이라고 지어 주었더니 마음에 드는 모양이다.

사도바올! 자네가 지어 준 멋진 별명 오래 오래 불러 주게.

고, 김수환 추기경님

지난 16일 김수환 추기경님이 선종하셨다. 20일 장례를 치르는 날까지 40만 명이 직접 찾아 추모를 하였고, 5천만 전 국민이 애도하고 그가 남기고 간 사랑에 감동하였다.

고 김수환 추기경님은 평생을 낮은 곳에서 병들고 힘든 사람을 위해 봉사하셨다. 통장 하나 자신의 이름으로 된 것 없고, 남은 재산하나 없이 모두 다 가난한 자를 위해 쓰시었다. 그리고 마지막으로 자신의 각막까지도 남에게 기증하여 두 사람에게 어둠의 고통으로부터 헤어나게 하셨다.

추기경님은 대한민국을 진정 사랑하셨다. 자유와 민주를 위해 몸던져 항거 하셨다. 황우석박사의 거짓논문 사건 때는 기대했던 희망이 거짓으로 무너져 내리는 안타까움에 흘리신 그 분의 눈물은 대한민국을 사랑하는 피와 한이었다.

김수환추기경님은 이 시대 우리 앞에 나타나신 화신불化身佛이다. 옛날 석가모니 부처님은 왕자의 몸으로 12살 때 농경제 날을 맞아 부왕과 함께 농사를 짓는 곳으로 가서 살이 타는 듯한 뜨거운 태양 아래 숨이 끊어질 듯 일하는 소와 농부의 모습을 보았다. 왜 이들은 이러한 모습으로 태어났을까? 무엇이 이들을 이렇게 고통스럽게 하는가?. 그러나 그들의 고통은 왕을 비롯하여 싯달타 왕자 자신이 풍족하게 먹고 살기 위함임을 알게 되어 혼란에 빠진다.

또한 당시 카스트 제도가 있어 인민을 브라만, 크샤트리아, 바이샤, 수드라, 네 가지 계급으로 구분하여 노예 계급인 수드라는 짐승보다 못한 취급을 받았다. 벌거벗은 몸으로 혹사는 물론 브라만의 경전도 들을 수 없었다. 경전을 듣다가 들키는 날이면 끓는 물을 귀에 부었고, 병들면 산채로 시타림이라는 공동묘지에 내다 버렸다.

싯달타 왕자는 이러한 계급으로 인한 불평등 속에서 고생하는 민중을 살릴 길은 없는가, 억압 받고 고통 받는 중생을 건질 길이 없는가 생각하였다. 차별 받는 세상을 없애고 모두가 평등하고 화합되게 사는 길을 고민하였다. 결국 왕자의 호화롭고 편안한 생활을 헌신짝 버리듯 하고 수행의 길로 들어 6년간 피나는 고행 끝에 깨달음을 얻게 된 것이다.

싯달타 왕자는 부처가 되기 위해 부처가 된 것이 아니다. 오직 부처의 길은 중생을 위한 것이요, 중생으로 인하여 부처가 된 것이다. 중생을 생각하지 않고 부처가 될 수 없으며, 또한 중생이 없는 부처는 있을 수 없는 것이다. 중생은 곧 부처의 님이다.

독립운동가요 불교 철학자인 만해 한용운은 "님만이 님이 아니라 기룬 것은 님이라. 중생은 석가모니의 님이요, 철학은 칸트의 님이다."라고 하셨다. 김수환 추기경님의 삶이 가난한자, 약한 자, 버림받은 자를 위한 삶이었다면 그 분의 님은 곧 중생이다, 따라서 중생이 님인 그분은 분명 화신불이다.

김수환 추기경님은 응신불應身佛이다. 응신불은 중생의 간절한 소망이 존재하고, 그 시대가 요구하는 경우에 그들의 삶 속에 나타나시는 부처님이다. 김수환 추기경님은 이 시대 대한민국이 갈망하여 나타나신 부처님이다.

지금에 우리의 현실은 좌파, 우파의 낡은 이념에 국민이 혼돈스럽다. 광우병의 촛불 시위로 서로가 대립하며, 월급 받는 노동자가 기업가를 혐오하는 시대이다. 정치꾼 때문에 동서가 갈라서 지낸지 오래다. 저질 정치가 있고, 국민은 안중에도 없이 자신의 영달만을 목적으로 삼는 정치인이 존재하는 한 지역감정의 골은 점점 깊어 갈 것이다.

이러한 대한민국 국민들에게 김수환 추기경님은 “사랑하세요. 용서하세요”라는 간곡한 메시지를 남겼다. 사랑하세요, 용서하세요. 그것은 자비慈悲이다. 자慈는 우정을 뜻하여 남을 이롭게 하고, 비悲는 동정을 뜻하여 남의 슬픔과 아픔도 나의 것으로 생각하여 해결하는 것이다.

용서 없이는 절대 우정이 없다. 미운 사람이 친구가 될 수가 없기 때문이다. 사랑하고 용서해야 한다. 서로는 서로에게 자비를 베풀어야 한다. 그래서 대립된 사회, 혐오하는 인간관계, 갈라선 지역감정을 말끔히 걷어내고 화합된 사회, 평화로운 사회, 복된 국가, 다시 말해 불국정토를 만들어야 할 것이다. 이것이 과거 석가모니 부처님의 깨달음이고, 이 시대에 응신불應身佛로 우리에게 몸을 나투신 김수환 추기경님의 간절한 소망이시리라.

(2009. 2. 20.)

21세기, 과연 축복만 오는가

1999년 한해가 서산에 걸렸다. 이 해가 저물면 우리는 20세기를 보내고 21세기, 새 천년을 맞게 된다. 새 천년 맞이하기에 국내 뿐 아니라 세계가 들떠있다. 주위의 만나는 사람들마다 새 천년 해돋이를 어디로 가야 좋을지 의논들이 분분하다. 지금에 사는 우리는 무척 행복한 인생을 살고 있는 것 같다. 세기 말에, 그것도 천년의 끝에 태어나 두 세기를 걸쳐 지구에서 보내고 있으니 말이다.

지금부터 46억 년 전 생겨난 이 지구에, 500만년 전 탄생한 인류는 많은 진화와 발달을 거쳐 근세에 이르렀다. 1765년 J.Watt.의 엔진발명으로 기계문명이 발달하고, 산업혁명이 일어난 이후 1976년 컴퓨터의 발명으로 20세기는 전자문명, 정보의 발달, 속도의 개발로 우리 인간은 새로운 세상에 와 있다. 컴퓨터 앞에 앉아 인터넷을 통해 저 먼 미국도 내 앞 세상이고, 온갖 정보를 내가 원하는 데로 가질 수 있어 실로 놀라운 세상이 되었다.

그뿐인가? 생명은 신(조물주) 만이 관장하여야 한다. 우리는 그렇게 생각하여 왔다. 그런데 1967년 남아공의 버나드 박사가 심장이식 수술에 성공함으로써 죽음에 대한 인식이 변화하고, 시험관 아기가 탄생하더니, 1978년 복제양 돌리가 탄생되면서 인간도 복제할 수 있어 인간은 이제 신의 영역에 도전, 침범하는 경지에 이르렀다.

그 외도 계수나무와 방아 찧는 토끼가 산다는 이야기로만 듣던 달나라에도 사람이 갔다 왔다. 지구를 감싸는 대기권은 사람 몸의 피부와 같은 역할을 하여 대기권 밖에서는 어떠한 물체도 지구로 들어 올 수 없는 것이다, 그런데 달나라로 갔던 인공위성이 다시 대기권을 뚫고 지구로 되돌아온다. 지구에 사는 생명을 위해 베푼 신의 은총을 사람이 과학의 힘으로 거부한 것이다.

20세기만큼 과학과 문명이 발달한 때는 없었다. 그런데 다가오는 21세기는 어떠할까? 이처럼 발달한 과학을 바탕으로 인간의 삶이 더 편리한 세상이 올 것이 틀림이 없다. 그래서 다가오는 21세기, 새 천년에 세상 모두가 들떠있는 것이다.

그러나 21세기, 과연 우리에게 축복만이 올 것인가? 그렇지는 아니 할 것이다. 과학이 발달하여 인간에게 편리함을 준다고 해도 자연보다 더 귀중한 것은 없다. 인간이 살아 갈 수 있는 것은 자연 그 자체다. 자연은 신이다. 그러나 과학이 발달하면 할수록 자연(신)은 파괴되고, 인간의 능력이 발달할수록 자연(신)은 파괴되어, 마침내 인간의 능력이 신(자연)의 영역을 침해하는 날 신(자연)은 인간에게 보복을 하게 되는 것이다.

20세기 인류의 발달된 문명과 더불어 우리 주위 환경이 얼마나 오염되었으며 자연이 얼마나 파괴 되었는가. 성경 창세기에 하나님께서 남자(아담)에게 땅을 관리하도록 명령하였다. 그러나 인간은 이 땅을 보존보다는 파괴의 길로 몰아 세웠다. 화석연료(석유 등)사용으로 탄산가스로 인한 지구가 온난화되고, 대기의 오존층 파괴로 인하여 자외선이 바로 우리 몸에 닿아 무서운 질병이 발생하고 있다. 산성비가 내려 호수에 물고기가 자취를 감추고, 산림이 황폐하고 식물이 말라죽고 있다. 침몰한 유조선의 기름으로 바다가 오염되어 바다 속 생물이 자취를 감추고, 지구가 사막화가 되어 식량 생산이 감소하였다.

또한 화학물질 사용으로 환경호르몬이 발생하여 암이 발생하고, 생식능력인 남자의 정자가 급격히 감소하는 현상을 볼 수 있다. 미국 환경 연구기관 월드워치의 1999년5월29일 발표에 의하면, 1940년 남성의 정액 1cc당 정자 수가 1억2천만이던 것이 60년 뒤인 금년에는 절반에도 못 미치는 5천만으로 조사 되었다고 하였다. 지구환경오염, 자연파괴와 함께 남성의 정자의 수가 감소함으로써 어느 날 지구상에는 어린아이의 울음소리가 자취를 감추고, 온갖 알 수 없는 질병이 난무하여 인류는 종말을 맞게 된다. 이것이 신의 영역을 침범한 인간에 대한 신의 보복이다.

새 천년을 맞는 시점에 너무 절망적인 이야기인가. 그러나 우리의 환경을 살펴보면 무심히 넘길 이야기만은 아니다. 우리의 젖줄인 낙동강에서 조사 결과 낙동강 하구 뚝, 매리취수장, 덕산정수장, 회동수원지, 명장정수장 등 다섯 곳에서 가장 독성이 강한 환경호르몬 비스페놀A를 발견하였고, 잉어 수컷이 암컷화 하는 현상을 발견하였다고 했다. 내가 마시고 있는 물이다. 자연은 신이다. 자연(신) 앞에 겸손한 인간이 되자. 그리고 환경을 깨끗이 하고 자연을 잘 보호하여 신(자연)으로부터 축복받는 21세기가 되자

*1999년 말 새천년을 맞으며!

주례사 I

천생배필! 하늘이 정해준 꼭 맞는 부부이라는 말입니다. 하늘은 저 허공을 이야기하는 것이 아니라, 이 세상에 존재하는 모든 신들이 다 축복해주는 좋은 인연이란 뜻입니다. 좋은 인연은 그냥 아무렇게나 만나지는 것이 아닙니다. 다 전생부터 깊은 인연이 있어 만나지는 것이고, 이 세상 만물의 축복 속에 만나지는 것입니다.

해동용궁사 입구에 가면 비석에 "너의 전생을 알고 싶으면 지금 네가 받고 있는 것을 보고, 너의 내생을 알고 싶거든 네가 지금 하고 있는 것을 보라" 라고 적혀있습니다. 내 전생은 지금 내가 살고 있는 모습이요, 나의 내생은 지금 내가 짓고 있는 업대로 간다는 뜻입니다. 불교에서는 분명히 전생도 있고 내생도 있다고 합니다.

그런데 세계적으로 이 전생에 대하여 깊이 연구를 한 사람이 있습니다. 영국의 「알랙산더 케논」이라는 사람과 미국사람 「에드가 케이시」입니다. 이 두 사람은 의사인데 어느 날 환자를 치료하고 있던 중에 갑자기 그 사람의 전생이 보이는 것입니다. 이 사람들은 기독교를 믿는 사람들이니까 전생을 인정하지 않습니다. 그런데 환자의 병을 치료하다 보니 그 사람의 전생이 보이면서 지금 치료하고 있는 병이 전생과 관련이 있는 것을 발견합니다. 그리고 전생과 관련한 것을 치료하니 병이 금방 나아버리는 것입니다.

그리고 이 미국사람 케이시는 뉴욕에 있으면서, 영국에 있는 사람 이름만 대면 지금 무슨 병이 걸렸는지, 어떻게 치료하면 낫는다고 진단했다고 합니다. 전부 그 사람의 전생을 보고 아는 것입니다. 그리고 부부끼리 사이좋게 잘 사는 사람을 보면, 전생에 부녀지간도 있고, 모자지간도 있는 것도 발견 합니다. 그래서 1천여명을 조사해서 책으로 펴내고, 그리고 1977년 10월 2일 타임즈지에 대대적으로 자세히 보도도 했습니다.

또 전생에 인연이 아무렇게 만나지는 것이 아니라 선인선과, 악인악과라는 공식에 의해 만나지는 것도 확인이 되었습니다. 우리가 그냥 전생 이야기를 하면 설마 그럴까 하지만 이렇게 과학적으로 증명이 된 사실입니다. 이런 얘기를 들으면 지금 자신의 삶을 되돌아보면서 앞으로 바른 삶을 살아가도록 해야 할 것입니다.

이제 신랑신부는 전생부터 인연이 있는 천생배필로 만났는데 앞으로 살면서 아무렇게 되는대로 살면 되느냐, 그건 아닙니다. 천생배필로 만났더라도 두 사람은 부부로써 노력해야 할 것이 있습니다. 그래서 두 사람에게 꼭 당부를 합니다.

첫째 신랑은 아내를 평생 사는 동안 부처님 모시듯 해야 합니다. 사람들이 부처님께 공손히 절을 하는 것처럼 항상 공손히 아내의 마음이 편안하게 잘 모셔야 합니다. 그래서 아내가 항상 부처님처럼 눈을 지그시 뜨고 미소를 짓게 해야 합니다. 사람이 마음이 편하고 좋으면 눈을 지그시 뜨지만 성내면 눈을 똥그랗게 뜹니다. 아내가 절대 눈을 똥그랗게 뜨는 일이 없도록 아내한테 잘 해야 합니다.

아내한테 잘하면 평생이 행복하고 특히 늙어서 편합니다. 왜, 남편이 아내한테 잘 못하면 아내가 늙으면 보자고 하지 않습디까?. 아내한테 잘 못하는 남자는 바보고, 내가 살면서 보니까 남자가 아내한테 잘하는 것이 제일 수지맞는 장사입니다.

그리고 아내 될 신부에게 당부합니다. 신부는 평생 사는 동안 남편을 하나님 섬기듯 하기 바랍니다. 시대가 바뀌어 남녀가 평등하다고 하지만 가정에서 남편을 하나님처럼 섬기면 복을 받습니다. 왜? 그렇게 하면 남편이 사회생활을 하는데 용기와 기운이 넘쳐 사회생활을 잘 하게 됩니다. 남편이 직장에서 열심히 일을 잘하면 돈도 많이 벌어 옵니다. 또 남편이 하는 일이 잘 되면 아내의 얼굴이 밝고 예뻐지는 법입니다, 그래서 남편은 아내의 얼굴입니다. 아내가 남들로부터 아줌마 소리를 듣느냐 사모님 소리를 듣느냐는 남편에게 달려 있습니다. 왠 남자가 교통사고가 나서 다리를 절게 되었습니다. 아내 되는 사람이 성질이 나서 남편을 절뚝발이라고 불렀습니다. 그랬더니 나중에 동내 사람들이 전부 그 여자를 절뚝발이 마누라라고 불렀습니다. 계속 들으니 기분이 나빠서 다른 동내로 이사를 가서 이번에는 자기 남편을 박사님이라고 불렀습니다. 그랬더니 동내 사람들이 박사님 사모님이라고 했답니다. 이렇게 남편을 높이 섬기면 아내인 자신도 높아지는 법입니다. 그리고 남편을 높이 섬기면 그 가정에 자녀들도 착하고 행실이 발라집니다. 남편의 자리가 바로 서지 못하면 자녀 들이 절대 바로 자라지 않습니다. 남편을 최고로 높은 하나님 같이 섬기시기 바랍니다.

그리고 부모님을 잘 모셔야 합니다. 부모님에게 비싼 옷을 사주고 밖에 가서 외식을 한다고 잘 모시는 것이 아니라, 항상 부모님이 마음을 편안히 가질 수 있도록 해 드리는 것이 잘 모시는 것입니다. 부모님을 잘 모시지 못하면 절대 복 받지 못합니다. 부모님이 누구입니까? 이 몸이 이 세상에 태어 날 수 있게 전생부터 가장 인연이 깊은 것이 부모입니다. 그리고 핏덩이를 결혼을 할 수 있는 성인으로 키워준 그 은혜가 하늘 보다 높은 것이 부모님입니다. 부모님을 잘 모시지 않으면서 자기들이 행복해지는 것은 절대 있을 수 없는 일입니다. 부모님을 잘 모시기 바랍니다.

끝으로 항상 자신의 발전을 위해 노력해야 합니다. 세상은 급격히 변화합니다. 빠른 변화의 정보에 민감하게 대처하고, 지식을 쌓아가지 않으면 변화에 적응하지 못하고 낙오자가 됩니다. 항상 책을 많이 읽고 또 자신의 발전을 위해서 노력해야 됩니다.

잘 만난 천생배필! 인연을 정말 귀하게 생각해 아내를 부처님처럼 모시고 남편을 하나님처럼 섬기며 부모에게 효도하여 길이길이 행복하게 살기를 기원합니다.

주례사 Ⅱ

2010년에 세계적으로 이름이 가장 많이 오르내린 사람 중에 한명이 '스티브 잡스'라는 사람인 것 같습니다. '스티브 잡스'라는 사람은 개인이 사용하는 컴퓨터회사를 만들었고, 작년에는 휴대폰에서 발전된 아이폰과 그리고 아이패드라는 손바닥만큼 크기의 컴퓨터를 만들어 새롭게 화제가 된 세계 제1의 컴퓨터 사업가입니다.

이렇게 명성을 가진 사람이지만, 이 사람은 미혼모에게서 태어나 가난한 농사짓는 사람에게 입양되고, 대학에 입학하였으나 양부모가 형편이 어려운 것을 알고 6개월 만에 학교를 그만 두었습니다. 그리고는 어렵게 지내다가 20세 나이에 친구 1명과 같이 아버지의 차고 안에서 '애플'이라는 회사를 만들었는데, 10년 뒤 서른 살 나이에 이 회사는 직원 4천명에 1년 매출이 우리나라 돈으로 24조가 되는 회사가 됩니다.

그런데 그때 그는 이 회사에서 쫓게 납니다. 그리고 한때는 췌장암이 걸려 의사가 살 수 없으니 가족과 모든 것을 정리하라는 말까지 들었는데 다행히 수술하여 치료 된 일이 있습니다. 이 사람은 지금 나이 56세인데 인생에 굴곡이 많아서 그런지, 성공해서 세계적으로 유명한 사람이면서 자신의 정체성에 대하여 많은 성찰이 있었던 것 같습니다.

대학을 졸업도 하지 않은 사람이지만 워낙 유명한 사람이니까 미국에서 제일가는 모 대학의 졸업식에 가서 연설을 하였는데 그 연설 가운데 졸업하는 학생들에게 이런 말을 합니다.

"지금 여러분은 미래를 알 수 없습니다. 다만 현재를 과거의 사건과 연관시켜 볼 수 있습니다. 그러므로 여러분의 현재는 미래와 어떻게든 연결된다는 걸 알아야 합니다. 배짱, 운명, 인생, 업(카르마) 등 그 무엇이든 믿음을 가져야 합니다. 왜냐하면 현재가 미래로 연결되는 믿음이 여러분의 가슴을 따라 살아갈 자신감을 줄 것이기 때문입니다." 이런 내용입니다.

어제가 없는 오늘이 있을 수 없고, 과거가 없는 현재가 있을 수 없습니다. 그리고 현재는 또 과거가 되고 미래는 현재가 됩니다. 이렇게 연결, 연결되어 흐르는 것입니다. 이러한 가운데 우리들 현재의 삶은 과거와 관련이 없는 것이 없습니다. 지금 우리가 열심히 사는 것은 미래에 좋은 일이 있을 것이라는 믿음이 있기 때문이고, 지금 넉넉하게 살고 있다면 과거에 열심히 일하고 저축한 덕택일 것입니다.

이러한 사실은 누구나가 다 아는 진리이지만 놀란 것은 스티브잡스의 연설 중에서 '업'이 미래를 결정한다는 믿음 가지라고 한 것입니다. 우리도 '업'이라는 말을 많이 사용합니다마는 세계적으로 최첨단 과학자요 사업가가 "업'이 미래를 결정한다는 믿음을 가지라" 고 이야기 한 것이 참으로 이외의 일이라 생각됩니다.

업은 행동, 행위입니다. 중요한 것은 이 업에 의하여 인과가 결정되는 것입니다. 다시 말해 행동이 원인이 되어 필연적인 결과를 가져 온다는 것입니다. 좋은 행위를 하면 그것이 좋은 업이라서 좋은 일이 생기고 나쁜 행동을 하면 나쁜 일이 생기는 것입니다. 부자가 되려면 열심히 일하는 업을 짓고 절약하여 저축하는 업을 지어야 하고, 명성을 얻으려면 자신의 맡은바 일에 충실한 업을 지어 다른 사람으로부터 존경을 받아야 합니다. 이렇게 업은 과학보다 더 중요한 것입니다.

이렇게 업은 인연을 만드는데 우리의 삶 중에서 업으로 결정되는 정말 중요한 세 가지 인연이 있습니다.

첫 번째는 부모와 인연입니다. 부모는 선택하여 태어 날 수가 없는 것입니다. 물론 부모도 자식을 선택하여 낳을 수가 없습니다. 업에 따라 가장 인연이 깊은 부모님한테서 태어나게 되는 것입니다.

두 번째는 배우자도 인연으로 만납니다. 이렇게 말하면 금방 이해를 하지 못하고 자신이 배우자를 선택했다고 말합니다. 그러나 가만히 생각해 보면 선택하게 된 동기부터 업에 의해 발생한 것입니다.

세 번째가 직장입니다. 이것도 본인이 선택했다고 말합니다. 검사나 판사가 된 사람이 학교 다닐 때 공부를 열심히 한 업으로 명문대 법대를 가고 그리고 사법시험 공부를 열심히 한 업이 인연이 되어 검사가 되는 것입니다.

그런데 제일 중요한 사실은 선택하지 못하는 이 세 가지 인연에 대하여 충실하지 못하면 절대 행복한 미래는 없다는 사실입니다. 부모님께 효도해야 합니다. 부부가 사랑해야 합니다. 본인의 직업에 충실해야 합니다.

스티브 잡스라는 사람이 이야기 했듯이 업으로 인한 미래의 믿음,

그래서 업으로 만나는 중요한 세 가지의 인연을 소중히 생각하고 산다면 신랑 신부는 이 세상에서 가장 행복한 부부가 되리라 확신하면서 주례사를 마치겠습니다.

(2010년 4월 주례)

※스티브 잡스는 2011년 10월 5일 캘리포니아 주 팰러엘토에서 사망

제6장 자전적 수필

천직天職

천직

그래! 천직이다.

세무사 사무실을 개업하여 어언 20년의 세월이 흘렀다. 1998년 12월 31일자 공직생활을 명예퇴직으로 마감하고 휴식도 없이 이듬해인 1999년 1월 2일, 제2의 인생을 출발한다는 생각으로 개업식을 했다.

1967년 고등학교를 졸업하자마자 공무원 시험에 응시하여 같은 해 8월 10일 충무우체국에서 공무원으로 출발하였고, 그리고 공무원 시험에 다시 응시하여 1년 뒤인 1968년 8월 10일 세무공무원으로 전직하였다. 1998년 말을 끝으로 명예퇴직을 하였으니 짧다면 짧고 길다면 긴 30여년의 세월을 공무원으로 봉직한 것이다.

고등학교를 졸업하던 그때는 지금과 비교하면 국가 경제가 많이 빈약하였다. 기업의 숫자도 많지 않고 공장도 많이 없었으니, 일자리가 없어 직장을 구하기는 하늘에 별 따기요, 실업자가 넘쳐났다.

그런 시절에 높은 경쟁을 뚫고 체신직공무원 시험에 합격을 하고, 다시 세무직 공무원 시험에 응시하여 국세공무원이 되었으며, 끝으로 세무사 자격시험에 합격하여 세무사가 되었다. 이렇게 공직자의 신분을 잘 마감하고, 세무사라는 직업을 갖게 된 것은 하늘이 내게 내려 준 직업, 천직이 아니고서야 있을 수 있겠는가.

그래! 천직이다

학생신분의 끝

내가 졸업한 남해수산고등학교는 3학년 때에 동기생 절반 이상이 2등 항해사 자격을 취득하여 실습을 겸해서 배를 타려 나가고, 교실에는 학생이 절반도 남아 있지 않았다. 남아있는 학생들은 대학 진학을 하지 않으니 골치 아픈 영어, 수학을 열심히 할 필요도 없고, 수산업에 종사할 일이 없으니 어로학이나 항해학에 관심을 가질 필요가 없다. 학생들이 공부 할 생각이 없으니 선생님들은 공부를 가르칠 의욕이 있었겠는가. 분위기가 이렇다 보니 수업은 항상 뒷전이었다.

내가 이 학교를 선택 한 것도 항해사가 되어 배를 탈 것이라는 생각은 아니었다. 남해 농고를 갈 것인가, 남해수고를 갈 것인가를 생각하다가 어차피 대학도 가지 못할 거 3학년이 되면 학생들이 항해사 실습을 가기 때문에 공부를 하지 않는다고 하여 공부를 적게 하는 남해수고를 택한 것이다.

그러나 학교를 다니면서 장래에 대한 고민을 하지 않은 것은 아니다. 아무리 생각해도 나의 앞날에 희망이 전혀 없었다. 답답한 마음에 1.8리터 됫병 소주 한 병을 마시고 취해 통곡도 해 보았다. 그러나 진로에 대한 어떠한 기대와 희망은 보이지 않았다.

나는 운동에 소질이 있어 중학교 2학년 때부터 배구선수를 했다. 중학교 3학년 가을 진주에서 개최하는 개천예술제 기간에 진주농대(현:경상대학교)에서 거행하는 영남배구대회에서는 우리 팀이 3등을 했는데 전체선수 중에 우수선수 한명에게 주는 개인상을 내가 받기도 했다.

고등학교 3학년 10월에 있은 군민체육대회에서 고등부 대항 배구시합을 끝내고 그때부터는 등교를 하지 않았다. 학교까지 가는데 8키로의 자갈길을 걸어가야 하고, 학교에 가봤자 공부도 하지 않고 시간만 보내다가 또 8키로의 거리를 걸어 돌아와야 하는데 학교에 갈 이유가 없었다. 학교 가는 대신 나뭇지게를 지고 금산錦山으로 나무를 하러 갔다. 도시락을 싸서 아침 8시 쯤 집을 나서서 금산으로 올라가 유명한 사찰인 보리암菩提庵 가까이까지 가서 나무를 한 짐 해서 지게에 지고 집으로 오면 오후3에서 4시 정도가 되고 지고 온 나무를 장작으로 쪼개고 나면 하루 일과가 끝나는 것이었다.

하루도 쉬지 않고 나무를 하러 다니는 중 1967년 1월 20일 졸업식을 한다는 연락이 왔다. 고등학교 학생의 신분을 끝마치는 졸업식에는 참석하려고 생각해 보니 그동안 교복을 입고 나무지게를 맨 바람에 교복의 어깨 쪽 지게 멜빵 맨 자리가 닳아서 허옇게 되어 있었다. 그래도 그 옷을 입고 졸업식에는 가야겠다고 생각하고 모자를 찾았으나 집 안에 벗어 둔 모자가 아무리 찾아도 찾을 수가 없었다. 졸업식장에 모자를 쓰지 않고 갈수도 없고 결국은 최종학벌인 고등학교의 졸업식에는 참석하지도 못하고 학생의 신분을 끝마치게 되었다.

사회인의 첫 출발

졸업을 하기 전까지는 학교에 가지 않더라도 학생의 신분이지만 이제 졸업을 하였으니 학생이 아니다. 학생이 아닌 사회인의 신분이면 내 자신을 내가 책임지고 살아가야 하는데 나는 무직자의 신분이다. 같이 졸업한 동기들 중에는 항해사가 되어 배를 타는 친구도 있고, 어떤 친구는 인맥을 통해 부산 등지에서 취직을 하여 늠름한 직장인이 되어있기도 했다. 나는 준비된 자격증도 없고 취업을 부탁 할 만한 인맥도 없어서 실업자로 지낼 수밖에 없었다. 그렇다고 계속 나무만 하러 다니면서 살 수는 없는 일이라 스스로 깊은 자괴감에 빠지기도 했다.

온갖 생각을 하던 중에 우연히 공무원 시험이 있다는 이야기를 듣고 공무원 시험에 응시하기로 했다. 서점에 가서 국사책, 일반상식, 특히나 학교에서 수학도 배우지 않았기 때문에 수학1의 완성, 이런 책을 사다가 정말 열심히 공무를 하여 3월에 공무원시험을 봤는데 다행이도 합격을 하였다.

내가 응시한 직종은 체신직(우체국) 공무원이었다. 그해 8월 10일 충무우체국에 발령을 받았다. 난데없는 공무원이 되어 타향 객지 충무우체국 직원이 된다고 할 때 그 묘한 기분을 지금도 잊을 수가 없다. 실감도 나지 않지만 나는 공무원이다. 그런데 지금까지 학생이고 나무꾼이던 사람이 관공서로 출근을 하려니 입을 옷이 없었다. 양장점에서 그 당시 유행하는 데트론으로 흰색 남방셔츠를 하나 맞추어 입고, 앞집에 사는 아주머니께서 주시는 돈 3천원을 호주머니에 넣고 충무로 가는 배에 올랐다. 이것이 내 인생의 시작이요,

사회인으로서의 출발이다.

환금계 창구 담당

충무우체국에서 환금계 창구 담당으로 배치를 받았다. 우체국 창구에 앉아 송금하거나 예금 처리를 하는 업무, 반대로 돈을 찾으러 오는 사람에게 돈을 내어주는 업무를 하는 것이다. 담당 업무를 생각하니 눈앞이 캄캄했다. 돈을 받고 또 내어 주고 나서는 그 날 입출금한 내역을 일보로 작성해야 하는 것이다. 일보를 작성 하려면 입출금 항목별로 구분을 해서 집계를 해야 하는데 요즘처럼 계산기가 없으니, 집계는 당연히 주판으로 해야 하는 것이다.

그런데 주판을 초등학교 4학년 때 조금 배워보고는 그 후에는 해본 일이 없다. 우체국에서 주는 주판으로 1에서 10까지 더하기를 해봤다. 1에서부터 10끼지 더하면 합계는 55이다. 55이면 주판 위에 두 알이 밑으로 내려오게 되어있다. 손가락 하나로 1+2+3+4…… 10까지 더해보니 위에 주판알 두개가 내려오지 않는게 아닌가. 앞으로 이 일을 어떻게 하지?

또 돈을 세어 봤다. 언제 이렇게 많은 돈을 세어 보기는커녕 구경이나 해 봤는가. 만원짜리 100만원 다발 하나를 더듬더듬 세어 보니 100장이어야 할 것이 99장이었다. 또 세어봤다. 이번에는 101장이었다. 또 세어 봤다. 이번에는 100장 이었다. 은행에서 가져온 100만원 다발이니까 100장이 맞을 것이다. 그런데 이것을 세 번씩이나 세어 봐야 하다니 정말 걱정이 태산 같았다. 그래도 당장 집어 치우지 않는 이상 어쩔 것인가. 그 때부터 밥만 먹으면 주판 1에서 10까지 더하기와 100만원 다발 돈세기를 하는 것이다.

또 있다. 그때는 우체국에 타이프라이트도 없는 때이라 공문을 손으로 써서 발송하였다. 언제 공문서를 보기나 했나. 백지에 공문을 적어 갔더니 계장님이 기가 차는 얼굴로 위, 아래 옆의 넓이와 형식을 가르쳐 주었다. 그래서 가르쳐 준대로 적어 갔더니 이번에는 글씨를 이렇게 못 쓰느냐고 핀잔을 주며 다시 써오라는 것이다. 그러기를 세 번 쯤 하고 나서야 통과가 되어 발송을 하게 되었다.

그렇게 시작한 우체국 업무도 세월이 흐르다 보니 주산도 잘하고 돈도 잘 세고 글씨도 공무원의 글씨체로 반듯하게 쓰게 되었다. 그런데 문제는 학교 다닐 때 운동도 잘하고 또 힘이 세어 나무도 잘하던 활동적인 체질이 이렇게 우체국 창구에 하루 종일 앉아 돈이나 세고 주판알이나 튕기는 일이 몸에 맞지가 않았다. 어떻게 이 직장을 그만 두느냐는 생각뿐이었다.

내게는 체신업무 보다는 경찰관이 적성에 맞겠다 싶었다. 한번은 경찰서 앞에 가서 게시판을 보았다. 경찰관은 응시 자격이 병력을 필한자로 되어 있었다. 군대를 갈 때까지는 어떻게든 참아야겠다고 마음을 고쳐먹었다.

사회인으로 변신

충무우체국에 발령 받은 것은 사회생활의 시작이기도 하고 또 객지 생활이 처음이다. 우체국에서 어려운 주산과 돈을 세는 일도 힘들었지만 고향집을 떠나 충무라는 낯선 곳에 와 있으니 고향의 그리움이 가슴이 저리도록 아팠다. 고향집에 계신 어머니, 앞 뒤 들판의 언덕길이 눈에 선하고, 바닷가 뚝 길을 친구와 같이 걸으며 소리 높여 노래를 부르던 일, 그리고 가슴 속 깊이 새겨진 그리운 사람의 얼굴, 내가 공무원이 되어 직장을 갖게 되었다는 기쁨 보다는 고향의 사람들, 고향의 풍경들이 사무치게 그리웠다.

낮이나 밤중에 충무항구를 드나드는 배들에서 뚜~하고 길게 뿜어져 나오는 뱃고동 소리에 애간장이 타는 것 같았고, 지금은 찾아보기도 어려운 레코드 가게에서 밤늦도록 틀어 놓은 슬픈 노래 소리에 온몸이 저려와 저절로 살이 빠지는 것이었다. 그 때의 내 체중이 내 평생에 제일 적게 나갔을 것이라 생각된다.

세월이 흘러가니 직장생활도 익숙해 갔지만 객지생활도 점점 몸에 익어 갔다. 직장 동료들과 회식이 종종 있었다. 장소는 용화사 골자기 밑 식당이었다. 저녁도 먹고 술도 한잔하고, 식탁을 젓가락으로 두드리면서 돌아가며 노래도 불렀다. 그때 잘 부르던 노래가 남진의 '울려고 내가 왔나' '가슴 아프게', 이상열의 '못 잊어서 또 왔네'라고 기억이 난다.

발령을 받은 지 두 달 쯤 뒤의 일이다. 충렬여상 학생 5명이 실습을 왔다. 그때 그 우체국에서는 직원간의 호칭을 성性 뒤에 '씨'자를 붙여 불러 김씨요, 박씨요 하고 불렀는데 실습 온 여학생들이 나를 보고 '정씨요'라고 부를 때는 무척 당황스러웠다. 나는 금년에 졸업을 했고 그 여학생들은 내년에 졸업을 할 것이니 그 여학생과 나는 불과 한살의 차이 일 것이다. 그런데 그 학생들이 고등학생의 신분을 벗은 지가 10개월 밖에 되지 않아 잉크도 마르지 않은 나에게 정씨요라고 부르니 내가 갑자기 늙은 아저씨가 되어버린 기분이었다.

하루는 그 여학생들이 모여 머리를 맞대고 얘기를 하다가 한참 웃는 것이었다. 알고 보니 저들끼리 직원 인기투표를 하였는데 내가 일등이라는 것이다. 또래 여학생들로부터 인기가 있다니 좋기는 하나 내성적인 내 성격에 얼굴이 무척 뜨거웠던 기억이 난다.

직장일도 점점 익숙해지고, 객지 생활도 몸에 익어 갔다. 그렇게 하루하루 환경에 적응하며, 이런 환경에 스스로 변신해 가는 것이 인생인가 보다라고 느끼며 지내던 중 1967년11월 체신공무원교육원으로 교육 발령이 났다.

전환의 시간

체신공무원교육원은 서울 용산구 원효로에 있는 옛날 체신고등학교이다. 서울로 가려면 배를 타고 부산으로 가서 다시 기차를 타야한다. 부산으로 가는 배는 여수에서 출발하여 낮 12시쯤에 충무에 도착 한다. 배를 타기 위해 가방을 들고 하숙집을 나서는데 뜻밖에 우체국에 현장실습 나온 여학생 J양이 집 앞에 서있었다. 웬일이냐고 물으니 "정씨가 교육가는 것을 보려고 오늘 수학여행 가는 것도 포기 했어예"라고 하면서 웃으며 편지와 손수건을 함께 종이에 싸서 건네주었다. 그 편지 내용이 지금은 기억나지 않지만 연분홍빛 색깔의 편지였던 것 같다. 어린 여학생의 그 철없는 생각과 행동이 지금 생각하면 우습기도 하고, 옛날 드라마의 한 부분 같이 순수하고 아름다운 추억이라는 생각도 든다.

체신고등학교는 해방직후 체신업무를 담당 할 공무원을 양성하기 위해 국비로 학생들을 교육시킨 곳이다. 교육원 기숙사는 일본식 건물인데 방바닥은 그때까지도 다다미로 되어있고, 방마다 연탄난로가 있었다. 방 하나에 3-4명씩 합숙을 하는데 나는 부산지금관리국에 근무하는 세 사람과 4명이 같이 있게 되었다.

지금 생각하면 그 교육을 받으려 간 것은 내 인생에 가장 중요한 전환점이 되었다. 같이 합숙을 하는 동료들로 인해 내 인생에 새로운 길이 열렸기 때문이다. 직무교육을 받으러 온 그 사람들은 교육에는 전혀 관심이 없이 내년 3월에 있을 사세직 공무원 시험 준비에 열중하는 것이었다,

사세직? 난생 처음 듣는 이름이라 사세직이 뭐냐고 물었더니 세무공무원이라고 했다. 시험과목은 세상에 처음 듣는 부기라는 과목이 있다는 것이다. 깊은 고민을 했다. 내 적성에 맞지 않는 이 우체국을 벗어나기 위해서 사세직 시험에 도전을 할 것인가. 체신직 공무원 시험에는 합격을 했으나 그나마 공부 한지도 1년이 지났는데 수학을 알기나 할까? 그리고 난생 처음 듣는 부기라는 것은 또 어떻게 공부를 해야 한 단 말인가. 도전을 해서 과연 합격을 할 수 있을 것인가.

그런데 가만히 생각 해 보니 합숙하는 사람 중 2명은 군대를 갔다 온 사람이다. 아무렴 내가 군대에 갔다 온 사람보다 머리는 좀 싱싱할 것이다. 그러니 저 군대 갔다 온 사람만큼 노력한다면 저 사람보다는 내가 낫지 않겠는가, 한번 도전 해보자. 교육원 앞 서점에 가서 기초상업부기라는 책을 구입해 첫 장을 넘겼다. 부기란? 거래의 8요소! 차변 대변! 처음 듣는 부기의 기본 워드부터 중압감을 느끼게 했다.

나를 벼랑 끝에 세우다

교육을 마치고 충무로 내려와 마음을 단단히 먹었다. 오후 6시 일과시간이 끝나면 그때부터 일보를 작성한다. 서투른 주산으로 집계를 하여 금액이 1원이라도 틀리면 전부를 대조하여 원인을 찾아야 하고, 이상이 있을 때는 모자라는 돈을 물어넣어야 했다.

그때 월급이 얼마인지는 기억이 나지 않으나 첫 달 월급은 7,800원을 받은 것이 기억은 뚜렷하다. 하숙비 4,000원을 지불하고 나면 한 달 동안 쓸 용돈도 부족한데 모자라는 금액을 물어넣을 때는 이게 직장인가, 아니면 내가 형벌로 노역을 당하고 있는가 하는 생각도 들었다. 가정을 가진 직원에게 한 달 생활비가 얼마나 드냐고 물으니 6,000원이면 충분하단다. 가족이 있는 사람의 한 달 생활비 보다 많은 금액의 월급을 받으니 내가 하고 있는 일이 형벌은 아닌가 보다. 그러나 나는 우체국에서 벗어나야 한다는 생각이 간절할 뿐이었다.

퇴근을 하고 하숙집에 오면 저녁 8시가 넘는다. 밤을 새워서라도 공부를 해서 내년 3월 사세직 공무원 시험에 꼭 합격해야한다. 이불을 어깨에 두르고 책상에 앉아 공부를 했다. 눈까풀을 타고 내려오는 하루의 피곤이 바위처럼 무겁다. 나는 지금 벼랑 끝에 서 있다. 졸면 벼랑에서 떨어진다. 벼랑에서 떨어지면 죽는다. 죽지 않더라도 벼랑에서 기어 올라오는 고통이 방안에서 공부하며 잠과 싸우는 것보다 훨씬 더 힘들 것이다.

밖으로 나가 추운 겨울바람을 쏘이며 잠을 쫓고 공부를 하다보면 새벽 4시, 여수에서 부산으로 가는 여객선의 뱃고동 소리가 뚜우 하고 울리면 이불을 덮고 잠 속에 빠졌다.

그렇게 하기를 3개월 여, 1968년 3월 초, 부산에 있는 개성중학교에서 사세직공무원 시험을 쳤다. 그간 3개월이 어떻게 지나갔는지 꿈속처럼 아득하다. 공부란 학문을 닦고 익히는 것이건만 3개월의 시험공부는 전투였다. 마치 누군가와 싸움에서 지는 날엔 내가 죽는 것과 같은 악착같은 싸움이었다. 쫓기는 직장생활을 하면서 이만큼 최선을 다해 노력하였으니 결과는 하늘에 맡길 뿐이다.

봄눈이 눈물을 가리다

시험을 치고 난 후 3월 중순 경, 뜻밖에 고향인 무림우체국으로 발령이 났다. 이게 꿈이냐 생시냐. 금년 초에 희망 근무지를 적어 내라고 하여 설마 하는 심정으로 고향집 옆에 있는 무림우체국을 적은 것이 운 좋게 발령이 난 것이다. 공무원으로 첫 발령을 받아 처음 겪은 객지생활이 몸에 익으려고 하자 고향으로 가게 되었다. 어머님이 계신 집에서 어머니가 해주시는 맛있는 반찬과 따뜻한 밥을 먹으며 출근을 할 것을 생각하니 천국으로 가는 것이 이 보다 더 좋을 것인가.

하숙집 아주머니께 고향으로 발령이 났다고 말을 하니 많이 섭섭해 했다. 짐이라야 가방하나 밖에 없는데 하숙집 아주머니가 굳이 뱃머리까지 배웅을 해 주시었다. 그런데 뱃머리에 도착하자 갑자기 비가 내리기 시작했다. 아주머니와 나는 낮은 창고 건물 지붕 밑에 비를 피해 섰다.

지붕을 타고 내려온 낙숫물이 발끝에 눈물처럼 떨어진다. 아주머니가 내 얼굴을 쳐다보며 "정서기, 잘 가소." 목소리가 가늘게 떨리며 눈에 물기가 어린다. 애꿎게 내리는 빗소리와 아주머니의 물기 어린 눈을 보니 마음이 멍했다. 그동안 충무에서의 생활이 고생뿐이었다고 생각했었는데 아침, 저녁으로 따뜻한 밥을 차려주시던 하숙집아주머니가 모르는 사이에 정이 많이 들었던 모양이다.

이윽고 배가 도착을 했다. 그런데 지금까지 내리던 비가 갑자기 진눈개비로 바뀌었다. 배에 올라 갑판으로 나와 아주머니를 바라보았다. 아주머니는 한참을 멀어져 가는 배를 바라보며 손을 흔들고 서있었다. 일제시대에 나무판자로 지은 부둣가에 늘어 선 낡은 건물들과 손을 흔들며 서 있는 아주머니의 모습이 내리는 눈에 가려져 영화의 마지막 장면처럼 점점 희미해져 갔다.

처음 객지생활을 시작한 이곳 충무, 모든 것이 서툴고 낯설던 지난날들이 영화의 필름처럼 빠르게 머리를 스쳐 지나간다. 8개월여 지나는 동안 이곳도 정이 들었던 모양이다. 이별의 이 순간 섭섭함이 가슴에 저려 왔다. 점점 많이 쏟아지는 눈발이 충무 항구와 손을 흔드는 아주머니의 모습을 가리어 보이지 않는다. 나도 모르게 흐르는 눈물에 두 볼이 뜨거웠다. 3월에 내리는 봄눈이 작은 아쉬움에 흘러내리는 눈물을 가려주고 있었다.

사세직 시험 합격

봄이 점점 익어 갔다. 냇가에는 버들강아지도 피고 개나리도 노랗다. 양지바른 곳에 봄 풀잎이 제법 싱그럽다. 따스한 봄기운처럼 고향에서 직장생활을 하는 내 마음도 따뜻했다. 언제 먹어도 맛이 있는 어머님이 차려주시는 세끼 식사, 우체국에 출근하면, 찾아오는 고객들이 모두가 아는 이웃 사람들이라 창구에 공무원이 되어 앉아있는 나를 반갑게 대해 주어 하루 일과가 그렇게 즐거울 수가 없었다. 특히나 충무시내에 하나 밖에 없는 충무우체국에서 많은 고객을 상대로 업무를 처리하다가 시골우체국에서 하루 몇 명 되지 않는 고객을 맞게 되니 일도 무척 수월하였다.

그러던 5월 어느 날 출근을 하니 내게 전보 한통이 와 있었다. 충무우체국에 같이 근무하던 직원이 보낸 것이다. 무슨 일로 전보를 보냈나하고 개봉하니 "합격을 축하 합니다"라는 내용이다. 합격이라면 3월에 치른 사세직 공무원 시험 아니겠는가. 그때는 공무원 시험 합격자는 서울신문에 게재를 했는데 시골이라 신문을 구독하는 사람도 별로 없었고 특히 서울신문은 귀했다. 뛰는 가슴으로 서울신문을 구독하는 사람을 수소문해 찾아보니 사세직 합격자 명단에 내 이름이 올라 있다.

어떤 시험이던 합격하는 것은 너무나 기분 좋은 일이다. 사세직이라는 생소한 직종에 부기라는 낯선 과목의 시험을 봐서 합격을 했으니 기분이 좋은 것을 넘어 흥분의 상태였다. 게다가 내 적성이 맞지 않는 직장에서 벗어난다는 생각에 펄쩍펄쩍 뛰었다. 시험을 준비하면서 '나 자신을 벼랑 끝에 세운다'는 각오가 이루어진 큰 기쁨이었다. 두 번째 공무원 시험에 합격! 이로서 체신직 공무원은 발령을 받은 날로부터 만 1년간의 근무를 끝으로 1968년 8월 10일 하동세무서 발령 통지를 받았다.

사세서기보

하동세무서 임명장은 "사세서기보에 보함. 간세과 주세계 근무를 명함"이라고 되어있었다. 하동세무서 총무과장은 남해군 창선 출신 임 모 과장이었다, 나를 보자 "고향까마귀도 반갑다는데 남해 사람이라 반갑다"고 했다. 그리고 당초 주세계가 아닌 조사계로 발령이 되어있는 것을 주세계로 바꾸어 발령을 내었다. 총무과장이 고향사람인 덕택에 조사계에서 주세계로 보직이 달라지고, 그로 인하여 미래에 완전히 다른 인생이 펼쳐진다.

주세계의 업무는 일주일에 한 번씩 탁주 양조장에 제조 상태와 실적을 검사 하고, 그리고 수시로 시골 가정집에서 하는 밀주를 단속하는 것이 주된 일이다. 그 당시는 워낙 돈이 귀하던 시절이었는데 양조장 사장님은 인부를 몇 명씩 고용하여 막걸리를 만들어 팔기 때문에 그 지역에서는 부자요, 유지들이다. 그리고 대체로 오랫동안 양조장을 경영하였고 연세들이 많은 편이었다. 그런 분들이 검사를 나가는 공무원에게 너무나 깍듯이 대하고, 장부를 보고 있으면 옆에서 무릎을 꿇고 앉아 계신 분도 있었다. 일제시대부터 해온 버릇이라고 했다. 많은 형제 중에 막내로 태어 난 나는 나이 많은 사장님들에게 절대 그렇게 못하게 했다,

밀조주 단속은 직원 1명이 탁주양조협회 직원 2,3명을 데리고 지정받은 지역에 가서 민간인 집을 뒤져 밀조주를 찾아내는 것이다. 밀조주는 농가에서 농사를 짓는 농부들이 고된 일을 하다가 목마를 때에 마시기 위해 만들던지, 아니면 제사에 쓰거나 경조사에 손님 대접을 위해 만드는 것이었다. 밀조주 단속은 자주 했고 밀조주가

적발되면 벌과금도 많이 부과가 되었다. 담당 업무였기 때문에 단속은 하지만 적발된 분들의 사정을 들으면 마음이 무척 아팠다. 그러나 절대 봐 줄 수가 없었다. 만일 적발 된 것을 없는 일인 척 봐주면 어떻게든 소문이 나게 마련이다. 그 당시 작은 하동 읍내에 기자가 60명이라고 했다. 시골 작은 읍내에 넥타이를 매고 있는 사람은 거의가 기자라고 보면 되었다. 그런 환경에서 적발된 것을 봐 주었다가 그 사실을 사이비 기자가 알게 되면 공갈과 협박에 엄청난 고초를 당하게 되고, 공무원을 그냥 두고 형무소에 가는 일도 생길 수 있기 때문이다.

한번은 자녀의 혼사를 위해 제법 큰 독에 술을 해 두었다가 적발된 집이 있었는데 방안에 병들어 누워 계시던 연로한 할머니가 기어서 나와 마루에서 떨어지듯 마당으로 내려와 내 바지를 붙들고 살려달라고 매달린 일이 있었다. 그런데 그 일이 꿈에 자꾸 나타나는 것이었다. 계장님께 말했더니 다른 세무서에서 직원 한명이 나와 같은 경우를 이야기를 하더니 계속해서 꿈에 나타나 나중에 정신과 치료까지 받았다는 것이다. 마음을 크게 먹고 대수롭지 않게 생각하고 지내라고 위로를 해 주었다.

밀조주 단속 출장을 다니고 대접을 받으며 주류제조 검사를 하는 세무공무원의 업무는 하루 종일 책상머리에서 내근만 하는 우체국 업무와는 완전 달랐다. 그리고 재미가 있었다. 특히나 우체국에 1년간 근무를 한 덕택에 주산 잘 하고 글씨 잘 쓰고 또 선천적으로 술도 잘 마시니 내 체질에 딱 맞는 직업을 만난 것이다.

검찰청 열 번 호출

1968년 11월 어느 날, 서울에서 한 달간 기초교육을 마치고 귀청을 하니 시간을 내어 남해경찰서에 가서 조사를 받으라는 것이다. 주세계 다른 직원들은 조사를 받았는데 나만 교육 때문에 빠졌다는 것이다.

남해경찰서에서 조사 내용은 이렇다. 지난 8월 발령을 받은지 1주일 쯤 됐을 무렵 주세계 전 직원이 남해지역에 밀조주 단속을 나간 일이 있었다. 이틀에 걸쳐 실시한 단속에서 많은 수의 밀조주를 적발 하였는데, 적발건수가 많다보면 적발된 사람 중에 그 지역 양조장 사장과 어려운 관계에 있는 사람이 있게 되고, 이럴 때는 양조장 사장이 봐달라고 청탁을 한다. 그런데 그 단속 때에 인솔책임자인 차석이 양조장 사장의 부탁을 받고 몇 건을 봐 주었다는 것이다. 나는 사실대로 발령 받은 지가 일주일 밖에 안되는 신참이 처음 해보는 일이라 단속하는 다른 직원 뒤따라 다니면서 구경만 하고, 적발된 술 단지를 화물 차량에 갖다 싣는 것이 내 임무였다고 진술하였다.

한참 후인 1969년 봄쯤, 이 건이 부산지방검철청 진주지청에 기소가 되어 아침 9시까지 출두하라는 것이다. 하동에서 진주까지 갈려면 자갈길에 버스로 두 시간은 걸렸다. 아침 일찍 출발하여 진주지청에 도착하여 검사에게 인사를 하니 골마루에 놓여있는 긴 나무의자에 앉아 있으라는 것이다.

어두컴컴한 골마루 의자에 같이 간 직원 다섯 명이 하염없이 앉아 있으니 검사서기가 점심을 먹으러 가면서 점심 먹고 한시까지 오라고 했다. 5명이 우루루 식당을 찾아 점심을 먹고 또 골마루 나무의자에 우두커니 앉아 있었다. 오후 6시가 넘어서야 "모래 아침 9시까지 오라"는 것이다. 말도 못하고 이틀 뒤 아침 일찍 진주로 향했다. 골마루 나무의자에 앉아 있으라더니 점심시간에 점심 먹고 1시까지 오라고 했다. 부랴부랴 점심 먹고 돌아와 또 하염없이 앉아 있으니 오후 6시가 넘자 모래 아침 9시까지 오라는 것이다. 이렇게 하기를 아홉 번째 되는 날 저녁때가 되서야 검사실로 들어오라고 했다.

당시 담당 검사는 그 후 안기부장을 지낸 신 모 검사로 29살, 160센티도 안되는 작은 키에 새파란 젊은 검사가 반말도 아니고 손아래 사람에게 하듯 말을 놓았다. 인솔담당자인 차석은 사표를 써서 접수하고 모래, 그러니까 열 번째 출두하라는 것이었다.

열 번째 출두한 날, 우리직원 한사람씩 차례로 검사 자신이 묻고 자신이 답을 하여 검찰서기에게 전말서를 작성하게 하였다. 그런데 끝으로 나에게는 아무 말이 없었다. 11번째 나 혼자 또 와야 되는게 아닌가 싶어 얼른 일어나 "검사님 왜 저는 안하는 겁니까?" 하니 "누구야?" "정정길입니다" "넌 필요 없어!" 세상에 죄 없는 사람이 피의자가 되어 검찰청에 열 번을 갔었네요. 차석1명은 사표를 내고 나머지는 무혐의로 마무리 되었으나 항간에 "검사는 불러 조지고 판사는 끌어 조진다"는 말을 실감하는 일이었다. 그 후 1969년 12월 10일 군대에 입대를 했다.

아! 제주도

1972년 11월 20일, 군대 제대를 하고 당초 근무하던 하동세무서에 복직을 했다. 1여년 근무를 한 곳이지마는 3년 만에 보직을 받으니 신참처럼 새롭다. 그리고 신참 같은 대우를 하기도 해 복직한 사람은 행정계에 발령을 한다고 했다.

새해 1월 달 쯤으로 기억한다. 지방국세청에서 금년 초에 인사이동이 있을 예정이니 직원 각자 희망지를 적어 보내라고 했다. 내가 보고담당이라 직원들의 희망지를 확인하고, 나는 복직을 한지가 두 달 밖에 되지 않아 인사이동 대상이 아닐 것이라 생각해 희망지를 적지 않고 보고를 했다. 보고를 하고 난 후, 고향 남해출신인 김 모 계장님이 "너는 어디로 희망을 했냐"고 물었다. 사실대로 희망지를 적어 내지 않았다고 하자 "그러지 말고 아무 곳이나 적어 내라"는 것이다.

인사이동에 대해 전혀 생각을 해본 일이 없어 어디를 적을까 고민하던 중에 옆 징수계에 근무하는 모 직원이 하동세무서에 오기 전에 제주도 농산물 검사소에 근무를 하여 제주도에서 있었던 일들을 많이 이야기 하던 것이 생각나서 희망지를 제주세무서로 결정하고 지방국세청에 전화를 하여 추가로 보고를 했다. 인사이동 대상도 아니고, 또 설마 제주도까지 가겠나 하는 마음으로 별 깊은 생각 없이 반은 장난같이 보고를 한 것이다.

그런데 4월 2일, 급한 공문 전달 할 일이 있어 지방국세청 총무과에 갔더니 인사계 직원이 나를 보고 "당신 하동세무서 정정길 아니냐?"고 물었다. 그렇다고 대답하자 "당신 4월 1일 즉 어제 날짜로 제주세무서로 발령이 났다"는 것이다. 제주세무서를 희망지로 보고하고도 잊고 있던 중이라 왜 내가 제주세무서로 가느냐고 물으니 "제주세무서를 희망했지 않았느냐"는 것이다.

내용을 알고 보니 제주세무서는 광주지방국세청 관할이었는데 1973년에 부산지방국세청으로 관할이 변동이 된 것이다. 그래서 광주지방국세청 소속 직원들을 부산지방국세청 소속 직원으로 교체해야 하는데 누구를 보낼 것인가, 우선 징계를 받은 직원 그리고 희망을 한 직원이었던 것이다.

그때는 우편물이 부산에서 하동까지 오는데 3일 정도 걸리기 때문에 인사이동 관련 공문이 도착하기 전이었다. 출장에서 귀청하여 제주세무서로 발령이 났다는 것을 이야기 했더니 듣는 사람마다 어쩌다 제주도로 가게 되었냐며 꼭 귀양을 가는 사람처럼 아쉬워했다.

가방하나 달랑 들고 오후 5시. 제주도로 가는 도라지호를 타기위해 부산 부두에 서있는데 낯모르는 두 사람이 서서 자꾸 나를 바라보는 것이다. 저 사람들이 왜 나를 처다 보는 걸가? 그런데 나도 그 사람들이 낯설지가 않은 것 같아 바라보았다. 그렇게 몇 번을 번갈아 보다가 두 명 중 키가 큰 사람이 나에게 다가와 "혹시 연탄공장에 안 계십니까?"하고 묻는 것이다 그 사람은 이상*씨다.

그때 세무서에 근무하는 사람들끼리는 세무서를 연탄공장으로 불렀다. 연탄이나 고지서나 찍어 낸다는 것을 표현한 것이다. 그들은 거창세무서에서 징계를 받고 역시 제주세무서로 가는 중이었다. 그런데 처음 보는 사람이 왜 낯설지 않게 보였을까? 아마도 초록은 동색이었나 보다.

아! 제주도!

꿈에도 생각지 못한 곳이다. 내가 희망지를 적지 않았을 때 내버려 두었으면 아무런 일이 없었을 것을, 고향 출신 계장님의 고향 후배 아끼며 챙겨주시는 감사한 마음 덕분에 희망지를 적게 되었고, 희망지는 인사 이동에 중요한 자료인데도 불구하고 장난삼아 제주세무서를 적는 바람에 칠흑같이 어두운 밤중에 배를 타고 제주도로 간 것이다. 그 제주도가 내 인생을 엄청 바꾸어 놓았다. 사주팔자는 사람 만나기 나름이요, 인생은 장난이 아니란 걸 그때까지도 몰랐던 것이다.

상전벽해 제주도

요즘 제주도에 여행을 갈 때면 상전벽해桑田碧海라는 단어가 머리에 떠오른다. 상전벽해는 뽕밭이 바다로 변한다는 뜻인데 세상이 많이 변하여 몰라보게 달라진 것을 말한다. 그 말처럼 제주도는 정말 많이 변하여 1973년의 제주도와 지금의 제주도는 전혀 다른 모습이다.

제주를 여행하는 사람들은 대부분 표선면에 있는 민속촌이라고 부르는 곳을 들린다. 민속촌은 방 두 칸에 처마가 이마에 닿을 정도로 낮은 초가집으로 되어있는 마을이다. 그런데 1973년 그때는 제주시내에 상업용 건물을 빼고는 대부분의 집들이 민속촌에 있는 모양의 초가집이었다.

1973년, 세무서는 그 당시 제주의 중심지 쯤 되는 관덕정 옆에 경찰서와 맞붙어 있었다. 세무서에 들려 인사를 하고 하숙집을 소개

받아 가보니 그 집은 지금의 민속촌에 있는 집처럼 처마가 이마에 닿을 정도로 낮은 지붕의 오래 된 초가집 이었는데 외벽은 돌을 쌓고 흙과 시멘트로 발라져 있었다. 그런데 집안에 방과 방 사이는 흙으로 막혀있는 것이 아니라 종이를 바른 얇은 벽이라 옆방 사람의 숨소리가 들렸다. 그리고 방바닥은 그냥 땅바닥에 돌을 깔고 그 위에 나무판자를 놓고 그 위에 왕겨를 덮고 그 위에 비닐장판을 깔았다.

겨울에 난방은 구들장이 없으니 불은 땔 수 없고, 방바닥에 요를 깔고 이불 속에 군용 탄피통에 뜨거운 물을 담아 넣어 이불 속을 따뜻하게 해서 지냈다. 여름에는 방바닥이 땅바닥이다 보니 벽에 달팽이가 자주 기어 다녔다. 우리 하숙집만 그런 것이 아니고 제주의 초가집은 대부분 그런 행태였다. 요즘 같으면 그런 하숙집에서 하숙 할 사람 아무도 없을 것이다.

제주도의 풍경은 육지에서 보는 산과 들의 경치와는 전혀 달랐다. 섬 중간에 우뚝 솟은 한라산 외는 산이라고 생각되는 높은 곳은 없이 서부 영화에서나 봤던 끝없이 펼쳐진 벌판이었다. 그 벌판 끝 바닷가에 굵은 새끼로 묶은 초가집들이 몇 채 옹기종기 있는 너무나 평화롭고 조용한 풍경이었다.

이름난 정방폭포, 천지연폭포도 그렇다. 폭포 주변엔 조그만 기념품 가게가 몇 개 있을 뿐 주택도 별로 없었다. 폭포로 가는 길도 아무런 손질 한 것 없이 자연 그대로의 모습이라 처음 보는 폭포가 너무 신기하고 환상적이었다. 폭포를 구경 오는 관광객도 적어서 한산했다. 지금은 관광객이 단체로 오가고, 폭포 주변이나 폭포로 가는 길이 너무나 잘 만들어져 통행을 하기에는 좋지만 옛날 자연의 그 아름다움은 전혀 느낄 수 없는 것이 오히려 아쉬운 마음이다.

제주 시내도 마찬가지이다. 그 당시는 뱃머리가 있는 건입동과 거기에서 가까운 동문통, 칠성통이 중심이었다. 용두바위가 있는 쪽은 논밭이었다. 용두바위도 이름처럼 용의 머리가 우뚝 솟아있는 느낌이어서 신비스러웠다. 그런 곳이 지금은 완전히 새로운 시가지가 되었다. 용두바위도 주변의 높은 아파트 때문에 크기가 많이 작아진 것 같아 예전처럼 웅장하고 신비스러운 느낌이 전혀 들지 않는다. 천지가 개벽을 한 느낌이다.

지금의 제주도는 정돈된 넓은 도로에 열대성 식물의 가로수가 늘어 서 이국적인 풍경이고, 어디를 가도 화려하게 치장된 높은 건물들만 보인다. 옛날 내가 살았던 하숙집 같은 곳이 있었다는 말을 하면 옛날 제주를 구경하지 않은 사람은 아무도 믿지 않을 것이다. 그 당시 하숙은 나와 같이 발령을 받아 여수세무서에서 온 염 모씨, 그 외 다른 관공서에 근무하는 3명 등 5명의 하숙생이 있었다. 하숙집 아주머니가 친절하여 하숙을 오랫동안 해왔던 분이었다.

세월이 많이 흐른 뒤 친구들과 제주에 갔을 때 일이다. 마침 예약된 호텔의 위치가 초가집들도 없어져 많이 변하긴 했어도 옛날 하숙집 근처인거 같아 찾아 봤더니 하숙하던 그 집이 있었다. 반가운 마음이 들어 살펴보니 초가지붕은 없애고 스레이트를 덮고 우레탄 칠을 했는데 사람이 살지 않는 폐가가 되어 창고처럼 물건이 쌓여 있었다. 옛날 하숙집 주위는 모두가 주택이었으나 지금은 호텔도 서있고 술집 등 점포들이 많이 있는 상업지역으로 변해있다. 변화된 제주도와 함께 달라진 옛 하숙집을 보고 옛일이 생각나 마음이 숙연해졌다.

서정쇄신

제주세무서에 발을 디딘지 딱 365일 만인 1974년 4월 3일 부산세무서로 전보되어 고대하던 부산으로 오게 되었다. 이제부터 도시에서 열심히 일을 해야겠다는 각오가 타올랐다. 담당구역은 동광동 1,2가이다. 동광동 1,2가는 골목길로 길게 형성된 지역이다. 부산데파트가 있고, 그 당시 부산시내에서도 이름난 외식집 백만석, 금송초밥집이 있었다.

어느 날이었다. 출근하여 자리에 앉자마자 웬 낯모르는 사람들 7,8명이 사무실로 들어오더니 각자 자리에서 일어나라고 하고 책상서랍을 뒤지는 것이었다. 나중에 알았지만 감사원에서 나온 사람들이었다. 그 당시에는 정부에서 공무원 사회의 부조리를 없애고 건전한 국민정신을 진작시킨다는 목적으로 서정쇄신운동이 일고 있었는데 감사원에서 부정공무원 단속을 나온 것이었다.

책상 서랍을 점검한 후 감사실을 설치하여 감사가 시작되었다. 얼마 후 내 업무가 적발 되었다. 내용은 직전에 있은 지방청감사에서 동광동 소재 흥농종묘에 세금 1천만 원이 추징되었는데 절반인 500만원은 고지를 하였으나 500만원은 고지를 않고 있다가 감사가 온 날 고지한 사실을 지적한 것이다.

지금은 1천만 원이 많은 돈이 아니지만 그 당시는 주택이 두 채 값이 넘는 돈이니 적은 금액은 아니었다. 감사 즉시 고지를 하려했으나 납세자의 어려운 사정을 감안하여 절반인 500만원은 먼저 고지하고 500만원은 나중 고지하기로 했던 것이다. 물론 결정은 담당자인 내가 한 것이 아니라 계장과 과장, 서장이 결정한 것이었다.

감사관은 즉시 통보를 하지 않고 지연시킨 것은 돈을 받고 일부러 납기를 연장해 준 것이라 생각하는 것 같았다. 500만원이라는 큰 금액을 적발을 하자 옆에 있던 감사관이 "김감사 한 건 했구먼!"하면서 좋아들 했다. 그 감사는 파면을 목표로 하는 엄중한 감사였던 것이다. 실적이 나왔으니 감사관으로서는 기분 좋은 일이었다.

감사관이 전말서를 받기 시작했다. 질문 중 지연통보를 했냐는 물음에 "지연 통보한 사실이 없이 결제서류를 받은 즉시 고지서를 보냈다"고 대답을 하자 감사관이 깜짝 놀라는 것이었다. 위 사람을 물고 들어간다고 생각하는 것이었다. 다른 곳에서는 위에 사람이 잘못한 것은 아래 직원이 책임을 지는데 나의 잘못을 윗사람에게 뒤집어씌운다고 생각하는 모양이었다. 계장을 부르더니 사실을 규명해 오라고 하였다.

서장실에 서장님, 과장님, 계장님과 같이 4명이 모였다. 그런데 내용을 듣던 서장님이 대뜸 "정주사가 지연통보를 했다고 하고 뒤처리를 하면 안되겠냐"고 말했다. 그러자 계장님이 "이번 감사는 여느 때와는 틀려서 그렇게 말하면 안됩니다"라고 말하고 계장님이 실수로 결재서류를 담당자에게 전달하지 않은 것으로 말하기로 했다. 계장님께서 양심적이고 현명한 판단을 한 것 같다.

동료 직원들이 나에게 절대 잘못을 둘러쓰지 말라고 조언도 많이 했고, 사실 지연 통보는 위의 분들이 결정한 것이고 나는 사실대로 말을 했을 뿐이다. 그러나 당시 분위기는 매우 긴장되고 걱정도 되었다. 결과는 그 감사관의 친구가 부산에 있어, 그 분을 통하여 지연통보가 되었으나 부정한 사실이 없었다고 충분히 해명을 하여 좋게 마무리되었지만 서정쇄신의 재물이 될 뻔한 경험을 상기하니 과거 일이지만 새롭다.

10.26 사태

10.26 사건은 한국 현대사에 획을 긋는 큰 사건이다. 박정희대통령이 저녁 식사 자리에서 자신의 심복인 중앙정보부장 김재규의 총에 맞아 서거한 사건이다. 1979년10월26일, 사건이 나기 전인 10월 17일의 일이다. 그 당시 전국에서 데모가 일어나고 있었고, 10월 16일부터는 이른바 부마사태로 부산과 마산에서 데모가 일어나 크게 확대되어 있을 때였다. 앞날도 데모가 밤늦게까지 벌어지면서 데모대가 세무서(그 당시 부산세무서) 정문 안내실의 유리창에 돌을 던져 다 깨뜨린 다음날 숙직근무를 하게 되었다.

그 당시 숙직은 당직자 1명, 예비군 1명, 그리고 청소를 하는 직원, 3명이 근무를 하였는데 나는 예비군으로 예비군복을 입고 근무를 하였다. 총무과장은 혹시 어제와 같은 일이 있더라도 상황을 봐가며 몸조심하라는 당부를 하고 퇴근을 하였다.

밤이 되자 데모대의 함성소리가 멀리서 들리더니 점점 가까이 와서 대신동 운동장 쪽으로 올라갔다가 다시 국제시장 쪽으로 내려가는 것이었다. 시간을 보니 밤 10시였다. 그래서 이제는 이쪽으로 오지 않겠지 하고 생각했는데 데모대가 국제시장 쪽에서 다시 보수동 쪽으로 올라오는 것이었다. 구호를 외치고 오던 데모대가 세무서 앞에 이르러 데모 대원 중 한명이 "세무서를 때려 부수자"라고 큰 소리를 외쳤다. 데모 대원 여러 명이 정문의 철로 된 대문을 힘껏 밀었다. 여러 명이 힘을 합쳐 한참을 밀자 철문의 장석이 부러져 대문이 넘어졌다. 데모 대원들은 넘어진 대문을 밟고 넘어 세무서 마당으로 들어와 유리 창문을 향해 돌을 던지기 시작했다.

숙직을 서는 직원이 그 데모 대원들을 상대로 나서서 제지 할 수는 없는 것이었다. 나는 예비군복을 입어 행동하기가 더 곤란하였다. 건물 모퉁이에 숨어서 보고 있는데 데모 대원 중 한명이 10월 25일까지 부가가치세 예정신고를 받기위해 세워 놓은 안내판의 종이를 뜯더니 불을 붙이는 것이었다. 관공서가 불타는 사건이 생기는 것 아닌가 싶어 걱정을 하며 지켜보고 있으니, 마침 세무서 옆 식당 아주머니가 나서서 "이러면 안된다"고 말리며 불붙은 종이를 빼앗아 발로 밟아 끄는 것이었다. 가슴이 철렁하고 겁이 났으나 불을 끄는 것을 보면서 안심을 했다

유리창을 깨던 데모대는 건물 안으로 들어오지는 않고 다시 국제시장 쪽으로 내려갔다. 정신을 차리고 같이 근무를 하는 직원을 찾으니 직원들은 벌써 뒷담을 뛰어넘어 남의 가정집에 피신을 해있는 것이었다. 데모대도 멀리가고 상황이 좋아진 것 같아 담을 넘어 가정집으로 가보니 청소담당 직원 박군이 남의 집 안방에서 이불에 머리를 쳐 박고 엉덩이는 하늘로 들고 있는 것이었다. 나는 별 생각 없이 일어나라는 뜻으로 야! 하며 엉덩이를 툭 쳤더니 박군이 비명을 지르며 기절을 할 듯이 놀라는 것이었다. 박군이 엄청 놀라는데 오히려 내가 더 놀랐다. 그런데 알고 보니 박군이 숙직실에서 잠이 들었던 모양이다. 잠결에 유리창 깨지는 소리에 기겁을 하고 정신 없이 담을 넘어 남의 집 안방으로 뛰어 들어와 머리를 이불에 박고

숨었다. 그런데 데모대가 자기를 잡으려 뒤 따라 들어와 자신의 엉덩이를 때리는 것으로 착각을 했던 것이다. 그러니 기절 할 정도로 놀랄 수밖에…… 지나간 먼 옛날의 얘기! 지금 생각해도 웃음이 나온다.

그날 자정이 될 무렵, 데모대의 함성소리도 잦아들어 조용해진 도시의 밤, 저 멀리 어디에선가 확성기에서 계엄이 선포되었다는 소리가 어둠을 타고 들려 왔다. 10월 18일 0시를 기하여 부산 지역에 계엄이 선포된 것이다. 며칠 뒤인 10월 26일, 박정희대통령이 시해되는 큰 사건이 발생 했지만 전쟁과 같았던 그 숙직하던 밤이 영화 속 일처럼 느껴진다.

종합소득세

1974년, 그때부터 국세행정이 급진적으로 발전하던 때가 아니었나 생각이 든다. 세정의 혁신, 근거과세와 같은 말들이 나오고 세액을 결정 할 때도 비록 인정과세기는 해도 가능한 근거에 의해 결의서를 작성해야했다. 그리고 지금까지는 사업장이 있는 세무서에서 영업세 수입금액에 근거하여 사업소득세를 계산하여 고지하던 것을 1975년 5월부터는 종합소득세가 처음 시행되어 주소지 세무서에서 신고를 하도록 세법이 새로 생겼었다. 종합소득세 업무를 하기 위한 준비와 관련한 여러 가지 업무들이 많이 생겨났다. 그래서 토, 일요일도 없이 매일 밤중까지 근무를 했고 그래도 도저히 우리 힘으로 다할 수가 없어 직원이 개인적으로 도움이를 쓰기도 했다.

1975년 4월 어느 날이었을 것이다. 5월 종합소득세 신고에 사용할 소득자료를 작성하여 이틀 뒤인 월요일에 세무서간에 자료를 교환해야 하는 아주 급박한 일이 생겼다. 종합소득세는 전국에서 발생한 종합소득을 주소지 세무서에 모아야 하는데 지금처럼 전산시스템이 없던 때라 손으로 소득자료를 작성하여 주소지 세무서별로 분류를 하여 지방국세청에 모여 세무서 간에 자료를 교환하는 것이다.

그런데 직원 1개 반에 2명이 담당하는 건수가 천명이 넘으니 직원의 힘으로는 이틀 만에 도저히 소득자료를 작성할 수가 없는 것이다. 직원들은 아는 사람들을 무조건 동원하지 않으면 안되었다, 그 때가 일요일인 것으로 기억되는데 개인세과 직원들만 출근을 했는데도 동원된 사람들이 평일에 출근하는 전 직원 수만큼 많았다.

직원들은 자신의 아내, 처제, 처제의 친구, 온갖 사람들이 동원하였다. 그런데 나는 동원할 인척이 없어 부득이 나이트클럽에서 일하는 여자를 다섯 명이나 불렀다. 책상에 앉아 일하는 모습이 아침에 세수나 했는지, 어젯밤 화장은 지운 건지, 새로 화장을 한 건지, 얼굴에 화장기하며 손톱에 메니큐어하며 옷차림하며 사무실이 보기 드문 풍경이었다. 어쩌겠는가! 그렇게 해서라도 내일 교환 할 자료를 작성하여야 한다.

그렇게 소득자료를 작성하여 주소지 세무서별로 자료교환은 이루어졌지만 직원도 아닌 사람들이 급하게 만든 자료가 정확하게 작성이 될 리가 없다. 세대장에 있는 인적사항을 적고 수입 금액을 적을 때, 중간에 사업자가 변동이 된 경우에는 구분하여 따로 작성해야 함에도 1년간 수입금액을 사업자 한명에게 한꺼번에 적은 것도 있고, 또 숫자를 잘 못 적은 것도 많이 있었다. 예를 들어 5백단원을 5천만원으로 적었던 것이다.

5월이 되어 종합소득세 신고를 하러 온 납세자는 담당 공무원이 잘 못 작성된 소득자료를 보고 계산을 해 주는 엄청나게 많은 세금 납부서를 보고는 깜짝 놀라 난리가 났다. 그러나 수입금액이 어떻게 되는지는 주소지 관할 세무서 직원은 알 수가 없으니 납세자는 다시 사업장 소재지 세무서에 가서 소득자료를 정정을 해 가져와서 신고를 했다. 이러한 과정에 사무실은 아침부터 늦은 저녁까지 큰 소리를 지르고 멱살을 잡고 싸우고 전쟁터를 방불케 했다. 이럴 때는 공무원의 친절 같은 얘기는 존재하지 않았다. 참으로 옛날 얘기다.

지금은 국세청에서 컴퓨터로 전국에서 발생한 소득을 빠짐 없이 일괄 집계하여 개인별 소득자료를 주소지 세무서로 보내주는 것과는 비교해 보면 상상이 안되는 까마득한 옛날이야기이다. 그러나 지금처럼 이렇게 종합소득세 업무가 정상적으로 이루어지게 되기까지는 누군가의 많은 노력과 땀도 있었던 것을 새삼 기억하게 된다.

부가가치세

국세행정에서 가장 혁신적 변화는 부가가치세제도를 채택한 것이 아닌가 생각한다. 지금까지 시행해 온 영업세를 1977년 7월 1일부터 부가가치세로 개편하였다. 부가가치세의 설명은 생략하기로 하고 이론적으로는 부가가치세 제도가 합리적인 제도이나 시행하기가 어려워 부가가치세 제도를 사용하고 있는 나라는 몇 안되는 것으로 알고 있다. 그런 제도를 이 땅에 뿌리내리게 한 것은 그 시대가 국가 권력이 강력했던 때이고, 그 당시 세무공무원의 열정적 업무 집행 때문일 것이다.

부가가치세가 시행되면서 세금계산서를 발행하게 됐는데 사업자들이 지금까지 해보지 않은 일이라 세금계산서 발행하는 일이 쉽지가 않고, 또 세금계산서를 발행하면 발행하는 사업자나 세금계산서를 받는 사업자는 곧바로 10%의 부가가치세를 별도로 부담하는 일이 발생하니 발행을 회피하려고 했다. 그러나 거래를 하고 세금계산서를 발행하지 않고 적발되면 바로 벌과금을 부과했다. 세금을 추징당하는 것은 물론이고 벌금까지 내야하니 얼마나 겁난 일이겠는가. 세무공무원의 단속을 피하려는 사업자들의 마음고생이 말이 아니었다.

또한 상점에서는 상품 가격표를 붙였다. 가격표의 크기가 책상크기 만 한 것을 세무서 직원들이 상점에 일일이 배부를 하였다. 상품 가격표 수백 매는 무게가 상당했다. 그 무거운 것을 어깨에 메고 수십 키로를 걸어 다니면서 상점에 나누어 주던 것을 생각하면 가슴이 찡하다.

그리고 조그만 구멍가게에서는 이 가격표를 붙일 장소가 마땅히 없어 외벽에도 붙이고 심지어 천장에도 붙인 곳도 있었다. 이 가격표도 붙이지 않으면 명령위반으로 벌금 50만원을 부과했다. 가격표에 나와 있는 상품들이 이 구멍가게에 해당되는 것이 몇 개 없는데도 말이다.

지금 생각하면 상상이 안되는 일들이 많이 있었지만 이런 과정이 있었기에 부가가치세 제도가 정착되었던 것이다. 지금은 세무행정이 많이 발전하였다. 그러나 아직까지 국민의 납세가 완벽하게 이루어진다고는 할 수 없지만 부가가치세 제도로 인하여 세금은 근거에 의하여 과세되는 제도가 확립된 것이라 생각 된다.

국세청 체육대회

1969년 4월 어느 날, 하동세무서에서 근무 할 때이다. 지방국세청에서 온 공문을 보니 배구선수들은 어느 시간까지 지방청 총무과로 오라고 하면서 배구선수 명단이 적혀있었다. 연례행사인 지방국세청 대항 체육대회에 나갈 선수들을 소집하는 것이었다. 적혀있는 명단은 전부가 부산시내에 근무하는 직원들인데 뒤에 알고 보니 작년에 배구 시합에 참석하여 모두 부산으로 전보 발령을 받았다는 것이다.

나는 중학교 2학년 때부터 고등학교까지 배구선수였기에 지방국세청에 나도 참가 하겠다는 편지를 보냈다. 그랬더니 즉시 오라는 전화가 왔다. 경제적 형편상 이틀 뒤에 출발하여 오후가 되어서야 현재의 중부산세무서 2층에 위치해 있는 지방국세청으로 들어가니 정문 수위가 "하동에서 오는 정정길이냐?"고 물어 깜짝 놀랐다. 나를 무척이나 기다렸던 모양이다.

먼저 총무과장님께 갔더니 박상학과장님이 "왜 이제오냐"고 하면서 김영일 청장님께 데리고 갔다. 청장님께서는 반갑게 맞아 주시면서 곧 바로 나를 데리고 선수들이 연습을 하고 있는 지방청 옆

보수국민학교로 가는 것이었다. 선수들과 같이 연습을 하다가 오후 늦게는 보수국민학교 선생님들과 게임을 했다. 선생님들은 체육시간에 배구시합을 자주하여 게임을 익숙하게 잘하는 편이다. 지금까지는 보수국민학교 선생님과 시합을 하여 졌었는데 그날은 우리가 이겼다.

청장님께서 직접 운동장에 나와 끝까지 보시고 기분이 좋은 것 같았다. 청장님이 이렇게 많은 관심을 가지고 있는 줄은 상상도 못 했고 청장님이 관심이 많으니 당연히 부산시내 서장님들도 연습장에 많이 오시어 격려를 했다.

지방청대항체육대회는 서울 동대문운동장에서 개최되었다. 그 날 바람이 많이 불어 시합을 하기가 힘들었다. 특히 미들센터가 서버를 잘 받아야 하는데 바람 때문에 잘 못하는 것이었다. 하는 수 없이 왼쪽 공격수(스파이크)인 내 포지션을 버리고 중앙 수비수(미들센타) 자리에 서서 수비도 하고 전위 센타가 울려주는 공을 스파이크를 해야 했다. 이렇게 여러 게임을 하다 보니 지쳐서 끝까지 실력을 발휘하지 못하고 결국 3등을 했다. 3등을 했는데도 김영일청장님은 무척 칭찬을 하였다. "이번에 하동 정정길 아니었으면 큰 일 날 뻔 했다"는 말씀까지 하셨다.

그때 배구선수는 부산시내 세무서로 발령을 내었다. 하동세무서에서 부산시내 세무서로 이동하기는 하늘에 별 따기 시절이다. 인사계에서 부산 시내 세무서로 발령을 내야 하는데 마땅한 자리가 없으니 지방청 감찰계로 오라는 것이었다. 감찰계라면 공무원으로서 무척 겁나는 자리가 아닌가. 그래도 그냥 가만히 있다가 감찰계로 갔으면 될 것을 짧은 소견에 금년 12월에 군대에 입대도 할 것이고 하니 그냥 하동세무서에 있겠다고 말을 했다.

지금 생각하면 철없는 것인가 어리석은 것인가, 그때 감찰계로 가서 근무를 하다가 군에 가서 제대를 하고 복직을 했다면 또 내 인생이 어느 길로 갔을까. 어느 상품광고에 "순간의 선택이 십년을 좌우 한다"라는 말이 있는데 내 경우는 순간의 선택이 10년이 아니라 평생을 좌우 한 것 같다.

지방국세청 대항 채육대회는 1985년 가을에 하고는 그 후 없어진 것으로 알고 있다. 같은 직장에 다니는 직원끼리 모여 체육대회에 참석하던 낭만적인 그 시절이 그리운 추억이다.

내 인생의 오비(out of bound)

골프를 치면서 가장 낭패가 오비(out of bound)를 내는 것이다. 오비를 내고 나면 벌타 2타를 먹어야 하니 좋은 점수는 낼 수가 없다. 그런데 이 오비는 본인의 의도와는 상관이 없다. 평소에 하던 대로 샷을 했는데 공은 전혀 생각지 않은 곳으로 날아간다. 오비를 낸 본인은 오비가 난 이유를 알지 못하지만 옆에서 보는 사람이나 전문가는 분명 잘못한 점을 알 수 있다.

인생살이도 그와 마찬가지인 것 같다. 살다보면 계획적이든 아니면 우연이든 자신이 걸어가는 정상적인 궤도를 벗어나는 경우가 있다. 옆에서 보는 사람은 정상적인 길이 아니라는 것을 뻔히 알지만 본인은 의식하지 못하면서 말이다. 이것이 인생의 오비이다. 1985년 11월, 내가 밀양세무서를 가게 된 것도 내 인생에 오비를 낸 결과이다. 지금 생각하면 공직자의 신분으로 어떻게 상상 할 수도 없는 길로 빠져 들었는지 신기한 생각뿐이다.

밀양세무서는 부산에서 출퇴근을 하는 동료가 5,6명 되었던 것으로 기억 한다 출근은 아침 8시에 부산역에서 무궁화 기차를 타면 밀양역에 8시 45분에 도착한다. 열차가 정차하자마자 뛰어 내려 택시를 타면 9시 정각에 사무실에 도착하는 것이다. 밀양세무서에 근무하는 동안 내 인생에 대하여 많은 것을 생각을 하게 한 것 같다. 그 가운데서 공무원이라는 이 직업을 절대 버려서는 안된다는 것을 깨달았다. 공무원은 나의 천직이다. 천직은 하늘이 주는 것, 하늘이 그만 하라고 할 때까지는 절대 버려서는 안되는 것이다. 법인세계 주무로 일하면서 직분에도 충실하고 직원 간의 유대도 최선을 다하였다.

밀양세무서에서 6급으로 진급을 하고 햇수로 6년만인 1991년 8월 북부산세무로 전입하였다. 북부산세무서에 H계장님이 근무하고 계셨다. 그 분은 내가 국세청에 입사한 같은 해인 1968년에 7급으로 입사하신 분이다. 어느 날 점심을 같이 하면서 내가 밀양세무서에 근무하던 이야기를 나누던 중 "사람에게 천직이 있습니다. 천직은 첫발을 들여 놓은 직업인데 천직을 배신하면 천벌을 받는다는 것을 깨달았습니다."라고 했더니 그 말을 들은 그 계장님은 한동안 말이 없이 천장을 바라보고 있었다.

그 분을 처음 만난 것은 1974년 4월, 내가 제주세무서에서 부산세무서로 전근 왔을 때 지금은 없어져 이름도 생소한 "종소계"에 같이 근무를 하고 있었다. 그때 그 분이 자주 하던 말이 "이 곳에 얼마나 있겠느냐"는 것이다. 지금 근무하는 세무공무원이 하찮은 것이므로 빠른 시간 안에 그냥 두겠다는 뜻인 것 같았다. 그 소리를 들을 때마다 그분은 Y대학의 상대를 나오신 분이라 이 세무직 공무원을 그냥 두고 다른 큰 기업으로 가실 모양이구나라고 생각을 했었다. 그런데 그 분은 20년이 지난 지금까지 7급에서 6급으로 한 계급만 진급을 한 채 근무를 하고 있다. 말없이 천장을 바라보고 있었던 것은 지난날 천직인 세무공무원을 하찮게 생각했던 일을 생각하며 내가 한 말을 듣고는 마음이 편하지 않은 모양 이었다.

부산으로 전입하고 보니 밀양에서 너무 긴 세월을 보낸 것을 절실히 느꼈다. 같이 입사한 동료 중에 여러 명이 사무관으로 진급을 해 있었다. 나는 1978년 9월에 2년2개월 만에 8급에서 7급으로 진급 할 때는 그렇게 늦은 편은 아니었으나 6급은 10년이 넘어 진급을 했으니 단연히 동료 중에 사무관 진급한 사람이 많이 있을 수밖에 없다. 이제 사무관은 멀어진 것이고 미래를 설계해야 한다. 세무사 시험 준비를 하자. 힘들지만 세무사시험을 봐서 세무사 자격을 취득해야 한다. 그것은 천직인 이 직장의 연장이요 미래의 보장이기 때문이다.

서무계장

세무사 시험 합격은 그렇게 쉽지가 않았다. 오랜만에 공부를 해보니 머리가 옛날 같지 않다는 것을 절실하게 느꼈다. 퇴근을 하여 저녁 7시 전에 독서실에 입실을 하여 세벽 1시 반에 귀가를 하였다. 차가운 밤공기를 쐬며 집으로 와 잠자리에 들어도 잠은 금방 들지 않았다. 많은 생각을 해 보기도 한다. 누군가 제3자가 아닌 나와의 싸움이니 나 자신을 바라 볼 뿐이다.

시험을 보고 나서 검토를 해 보면 충분히 풀 수 있는 문제를 아쉽게 틀린 것도 있었다. 그럴 땐 시험을 보고 나서도 며칠을 잠을 못 이룬 적도 있었다. 이렇게 고군분투 하고 있는데 1996년 8월 난데없이 지방국세청 총무과 서무계장으로 발령이 났다.

서무계장은 지금까지 들어 보지 못한 이름인데 알고 보니 행정계와 경리계를 통합하여 서무계로 만든 것이다. 오랫동안 행정계와 경리계가 존치되어 왔고, 지방청의 관할 지역의 납세자 숫자나 세무서의 규모도 더 커졌는데도 불구하고 무슨 이유로 하나로 합했는지 이유가 궁금했다.

부산지방국세청은 서울지방국세청 다음으로 규모가 큰 곳이다. 중부청이나 광주청의 경우 도시지역 몇 개 세무서를 빼고 나면 전부 밀양세무서 정도의 시골세무서이고 직원 수도 부산청 보다 적다. 그리고 배정되는 예산 금액도 훨씬 적다. 그럼에도 행정계와 경리계가 구분되어 있었다.

부산청이 두개의 계가 하나의 계로 합쳐진 이유는 한사람 내지 두 사람의 사적인 생각 때문에 생긴 것임을 알게 되었다. 우리가 충신과 간신이라는 단어를 어릴 적부터 듣고 왔다. 그러나 정작 무엇이 간신이고 무엇이 충신이냐고 물으면 대답을 잘 못한다. 나는 그때 깨달았다. 충신은 국가와 국민을 위해 일하는 공직자이고 간신은 자기 자신을 위해 일하는 공직자이라는 것을.

서무계장은 그렇게 쉬운 자리가 아니었다. 출근은 아침 8시까지 해야 했다. 청사 내 청소부터 시작하여 온갖 것을 관리해야 했다. 대관절 업무의 범위가 어디까지인가? 업무의 범위가 없었다. 국어사전에 서무라는 뜻을 찾아 봤다. 서무庶務의 국어사전 의미는 '타에 속하지 않은 모든 일'이다. 그러니 업무의 한계가 있을 수 없다. 생각치도 못하는 곳의 일까지 서무계장의 책임이다.

청사 앞 건너편 아파트 공사장이 있었는데 그 공사장에서 나는 기계 소리에 청장님이 "이게 무슨 소리냐?"고 하였다고 총무과장이 청장실에서 나와 한창 건설공사중인 공사장에 가서 소리 안나게 이야기 하라고 할 때는 기가 차고 억장이 무너졌다. 이러니 높은 자리에 오르려 하는가 보다. 사무관 진급은 이미 포기했고, 세무사 시험에 합격하여 세무사 자격만 얻으면 공무원직을 그냥 둘 것이라 작정하고 피나게 공부하고 있는 이 시기에 생각지도 못한 지방국세청 서무계장이라는 직책을 맡아 이게 무슨 불운인가.

그러나 지금 힘든 일은 즐겁게 받아 들여야 한다. 오르막이 있으면 다음은 내리막이 있듯이 어려운 일이 있으면 다음엔 좋은 일이 있게 마련이다. 이것이 세상의 이치이다.

국정감사

서무계장을 하면서 충격 아닌 충격은 국정감사이다. 지방국세청은 국세청과 다른 별도의 계획과 과제가 없는 곳이다. 본청의 지시를 받아 그것에 충실하면 끝나는 곳이다. 그렇기에 국정감사에 별로 문제나 이슈가 될게 없다고 생각이 드는데 국정감사의 대상 기관이다.

국정감사에 오는 국회의원들을 맞이하기 위해 3일에 걸쳐 총무과 전 직원이 동원된 국정감사장 준비는 청사를 개조하듯 한다. 국회의원들이 도착하여 차 한 잔 마시기 위해 청장실을 완전 비워서 응접실로 만들어야 한다. 그리고 속기사 두 명이 점심식사 후 잠깐 쉴 휴게실을 만들기 위해 사무실 한 칸을 비워야 했다. 그때 일부러 만보기를 차고 있었는데 3일간 1층부터 5층까지 하루에 8천보를 걸었다. 그렇게 고생을 하여 준비한 것을 사용하는 시간은 불과 일,이십분이었다.

국정감사도 그렇다. 국정감사 며칠 전에 국회의원이 질의할 내용을 알아내어 미리 답변을 준비해 둔다, 국정감사 당일 국회의원이 질의를 하고나면 청장이 답변을 하는데 답변 시에는 정작 질의한 국회의원은 자리에 앉아 있지 않은 경우도 있었다. 국정감사 대상기관도 못되는 곳이니 질의나 답변이 그렇게 중요한 것도 아니기도 했다.

그런 국정감사를 하기 위해 행정력과 예산이 얼마나 허비되는 것인지 한심한 생각이 들었다. 그리고 국회의원이라는 직위가 참 좋기는 좋은 것이다. 그러니 국회의원을 하려고 사생결단을 하는구나 하고 생각했다.

일선에 근무하는 직원들은 납세자의 어떠한 반발과 원성도 무마하면서 자신의 직분인 세금 부과와 징수에 혼신의 힘을 다해 일을 한다. 힘든 일도 묵묵히 맡은바 일에 충실한 일선 직원들만 보다가 지방국세청 서무계장을 하는 덕분에 지방청장과 국회의원을 보면서 고위직 공무원의 실상을 어렴풋이나마 느껴본 계기였다. 저것이 출세이고 인생의 목표로 삼고 쫓는 길인가.

서무계장 1년 만인 8월에 지방청 간세과 주세계장으로 발령이 났다. 내가 서무계장을 떠나 올 때는 다시 행정계와 경리계로 분리 되었다.

세무사 자격시험 합격

세무사 시험에 여러번 떨어지고 나니 남에게 공부한다는 말하기도 부끄럽고, 몸도 많이 지쳐갔다. 1997년 7월 어느 날 또 서울로 올라가 세무사 시험을 봤다. 시험을 마치고 나면 몸에 기운도 빠지고 긴장도 풀려 몸이 젖은 행주 같다. 운동장에 나오니 그 날도 신국찬 과장이 나를 기다리고 있었다. 1993년 서울청에서 내려온 신국찬과장은 당시 내가 근무하는 북부산세무서 부가세 과장인데 나와 입사는 동기였다. 처음 내가 세무사시험에 응시하여 시험을 마치고 나오니 뜻밖에 운동장에 서 계셨다. 웬일이냐고 했더니 나를 기다리고 있었다는 것이다. 고생했다고 하면서 서울의 좋은 식당으로 데리고 가서 점심대접을 잘 해주시었다. 처음 시험을 칠 때부터 운동장에서 나를 기다려 주시던 신과장은 내가 시험에 합격할 때까지 일요일 집에서 쉬지도 못하고 한번도 빠지지 않고 운동장에서 나를 기다리다가 점심을 사 주었는데 그 고마움을 지금에 글로나마 깊이 감사를 드린다.

서무계장을 하면서도 밤늦게 까지 남모르게 나름대로 열심히 공무를 했으나 낮에 근무하고 밤에만 독서실에서 공무를 하니 아무래도 시간이 부족했다. 7월에 시험을 봤으나 결과에 기대를 하지 않고 간세과 주세계장으로 전보 된 이제부터는 서무계장 보다는 시간이 여유로우니 마지막 한번만 더 도전하기로 다짐하고 공부는 계속 했다.

9월인가? 확실한 기억은 없으나 오랫동안 목을 숙였던 탓에 뒷목이 무척 아파 근처 한의원에 가서 침을 맞고 사무실에 들어오니 직원들이 전부가 나를 보고 웃는 것이었다. 그 웃음이 나쁜 웃음은 아닌데 전 직원이 나를 보고 웃으니 기분이 묘했다. 어리둥절 하는 나를 보고 과장님이 세무사시험에 합격한 것을 축하한다고 하는 게 아닌가. 제34회 세무사 자격시험에 합격을 한 것이다.

공부라는 것이 사실 쉬운 일이 아니다. 특히나 나이 들어서는 더욱 그렇다. 이 지긋 지긋한 공부도 그렇거니와 또 시험을 봐서 합격을 할 것인지 불합격을 할 것인지 시험을 보는 당사자의 불안하고 무거운 마음은 막상 당하는 사람이 아니면 잘 알지 못한다. 그런데 합격을 했다니 표현 할 수 없이 마음이 편하고 후련했다. 퇴근을 하여 시간 늦게 독서실로 가서 새벽 1시 반까지 공부를 해야 하는 중압감에서 벗어난다고 생각하니 갑자기 어깨가 지고 있던 무거운 짐을 벗은 듯 가뿐해졌다. 그리고 방금까지 아프던 목의 통증이 간데온데 없어졌다. 신기하다. 우리 몸에 생기는 병중에는 스트레스가 원인이 되어 생기는 병이 많다고 하는데 목이 아팠던 것도 공부의 스트레스가 엄청 크게 작용했던 모양이다.

1997년 12월 세무사자격증을 받는 순간 태양처럼 밝은 마음으로 하늘을 봤다. 공무원으로 높은 지위에 가지 않았으나 여기까지 왔다. 세무공무원으로 30년을 봉직하고 이제 세무사 시험에 합격한 것 만 해도 내가 나를 칭찬 할 만 한 것 아닌가. 이제부터 세상을 살면서 마음 편하게 만족하며 살자. 앞으로 세상 살 날 많다. 즐겁고 행복할 날들이!

명예퇴임

만남이 있으면 이별이 있고, 시작이 있으면 끝이 있는 것이 이세상의 이치이다. 사람이 믿는 구석이 있으면 마음이 든든해진다. 낯선 객지에 가더라도 호주머니에 돈이 두둑히 들어있으면 든든하고, 세상살이에 믿을 수 있는 빽이 뒤에 있으면 든든한 구석이 있다. 세무사 시험에 합격하여 자격증을 얻고 보니 왠지 마음이 든든해졌다. 이제부터는 세무사 개업 준비도 슬슬 해야 한다. 그래서 서부산세무서를 희망을 했던 것이다. 부산시내 중에서 서구와 사하구 지역에 지인들이 많이 살고 있다는 생각에서였다.

그러나 막상 서부산세무서 개인세과 주무로 근무를 하면서 관찰을 해 본 결과 신규 사업자는 개업 전에 미리 세무사와 상의하여 세무사에게 업무를 위임하므로 사업자등록증도 세무사 사무실에서 신청을 하는 것이었다. 세무서에 근무를 하면서 업체를 몇 군데라도 확보하겠다는 생각은 잘 못된 것으로 오래 지체 할 것이 아니라 기왕에 시작 할 거면 하루 빨리 세무사 사무실을 개업하는 것이 나을 것이라고 판단하고 명예퇴직 신청을 하였다.

1998년 12월 31일 명예퇴직! 나의 공직생활을 마감하고 수십 년을 드나들며 정들었든 세무서와 이별을 했다. 길다면 긴 세월 30년이 어떻게 흘러갔는지 꿈만 같다. 고등학교 졸업과 동시 약관弱冠의 나이에 공무원이 되어 어언 50의 나이이다. 나이 50이면 지천명至天

命! 하늘이 내게 준 명령이 뭔가 뒤돌아 봐야 할 때라고 한다.

긴 공직 생활! 뒤돌아보면 한때는 큰 꿈과 희망도 가슴에 품었고, 어느 날은 절망의 늪을 허우적거릴 때도 있었다. 야망보다는 소탈하게 그러면서도 멋있고 재미나게 보낸 공직생활이었다. 그리고 세무사 자격을 가지고 게다가 김대중 대통령으로부터 행정사무관 임명장과 근정포장 훈장도 받았으니 명예로운 퇴직이다. 가족이라도 다 불러서 거창하게 퇴임식도 하고 싶었지만 같이 퇴임을 하는 다른 분들이 내 마음 같지 않아 못하고, 서장실에서 조촐하게 차 한 잔 하고 직원들과 마지막 단체 사진을 찍은 것이 공직자로서 끝을 마감하는 퇴임식이다. 좀 더 착실하게, 좀 더 진지하게 살았더라면 공직을 떠나는 내 모습이 조금은 달랐을까?

인생을 살면서 아쉬움 없는 삶이 있겠나마는 나는 내일 모레 새로운 인생의 출발인 세무사 개업을 한다고 생각하니 공직의 끝이 나쁜 건 아니라고 스스로 위로 했다. 동료 직원들이 주는 기념 상패와 꽃다발을 손에 들고 세무서 정문을 걸어 나와 뒤돌아섰다. 마지막으로 세무서 건물을 쳐다보았다. 만감이 교차하는 순간이었다. 오랜 세월 몸담은 직장을 떠나는데 독감까지 진하게 들어 마음 뿐 아니라 몸까지 곤혹스럽게 만들었다. 이제부터는 공무원의 신분이 아닌 사회인, 세무사이다.

나의 운명, 세무사!

1999년 1월 2일, 퇴직하고 휴식도 없이 세무사 사무소 개업을 하였다. 무엇보다 감격스러운 것은 "세무사 정정길"이라는 간판을 설치할 때이다. 이 세상에 수많은 간판이 건물 벽에 걸려 있지만 내 이름으로 된 간판을 건물 높이 걸 수 있다는 것이 너무 뿌듯했다.

개업식은 형식을 갖추어 멋을 좀 내었다. 고향 향우회장님이신고 정철기회장님과 마지막 근무처인 서부산세무서 공용표서장님의 축사도 있었고, 특히 판소리 기능보유자인신 김 모씨의 판소리 한마당은 다른 세무사 사무소 개업식에서는 볼 수 없는 관경이라 축하를 하려 와 주신 분들을 어리둥절하게 만들었다.

우리 사무소의 사훈은 '환경을 깨끗이 하자' '책임을 다하자' '친절하자'로 정했다. 첫째 '환경을 깨끗이 하자'는 눈뜨면 출근하는 사무실의 환경을 깨끗이 하여 사무실을 천국으로 만들면 하루를 천국에서 지낼 것이고, 환경을 누추하게 하여 지옥으로 만들면 근무하는 하루 종일을 지옥에서 지낼 것이니 사무실을 천국으로 만들어 천국에서 살자는 뜻이다. 환경은 청결 뿐 아니라 인간관계까지도 포함해야 한다. 둘째 '책임을 다하자'는 남의 재산을 관리하고 있는 세무사 사무실에서는 위임한 사업자의 업무를 완벽하게 처리해야 한다. 소흘히 처리하는 업무는 남에게 피해로 돌아 갈 수 있다. 그러한 막중한 일을 무책임하게 처리해서는 안된다는 뜻이다. 셋쩌 '친절하자'는 친절은 자신을 낮추는 것이 아니라 상대를 존경하고 나 자신을 담대하게 만드는 것이다. 상대를 존경하며 맡은 업무를 자신 있게 완벽하게 처리하는 것이 친절의 의미인 것이다.

세월이 20년의 시간을 끌고 지나갔다. 개업을 한지 20년의 기간 동안 별다른 어려움 없이 지내왔다. 나를 믿고 업무를 맡겨 준 고객분들과 종사하는 직원들이 친절하고 성실한 자세와 맡은바 업무를 책임 있게 수행해 온 덕택이 아니겠는가 하고 생각 한다.

사람이 살면서 누구를 만나느냐에 따라 그 사람의 운명이 달라진다. 사주팔자는 결론적으로 사람만나기 나름이다. 좋은 사람을 만나면 사주팔자가 좋은 것이다. 공직생활 30년 동안에 좋은 사람들을 수 없이 만나 많은 은혜 덕택에 명예로운 퇴임으로 공직을 마쳤다. 세무사 20년의 세월 동안 사무소를 잘 운영해 온 것도 고마운 고객분과 좋은 직원들을 만난 덕분인데, 결국 나는 사주팔자가 좋은 사람이다.

장수시대에 사는 현대인에게 나이 들어도 자신의 직업을 가지고 있는 것이 5복중에 하나라고 한다. 아침 정해진 시간이 되면 사무실에 출근을 한다. 직원들과 나누는 아침인사에 하루하루가 새롭다. 나이 먹어도 몸만 건강하고 자신만 성실하면 정년이 없는 직업, 세무사인 나는 역시 복 있는 사람이다.

어린 시절 학교를 가지 않고 나뭇지게를 져야했고, 내일을 기대할 수 없는 절망의 어둠 속을 헤매며 통곡하던 나에게 이렇게 세무사를 천직으로 내려준 하늘에 감사하자. 그리고 나를 믿고 일을 맡겨 준 고객과 열심히 일하는 직원들, 나의 주위에 있는 모든 분께 감사하자.

하늘이 내게 내려 준 직업 세무사! 하늘이 이제 그만하라고 명령하는 날까지 열과 성을 다할 뿐이다.

(2019. 2. 10.)

이 아름다운 지구별에
다시 태어나면

초판1쇄 발행 2021년 11월 15일

지 은 이 정정길
펴 낸 이 이길안
펴 낸 곳 세종출판사

주소 부산광역시 중구 흑교로 71번길 12 (보수동2가)
전화 051－463－5898, 253－2213~5
팩스 051－248－4880
전자우편 sjpl5898@daum.net
출판등록 제02-01-96

ISBN 979-11-5979-471-1 03810

값 15,000원